Pflanzenschutz und Schädlingsbekämpfung für die Kitteltasche

Pflanzenschutz

und Schädlings-bekämpfung

Von
Marianne Lennartz

Unter Mitarbeit von
Peter Boas

Mit 102 vierfarbigen Abbildungen

für die Kitteltasche

WVG Wissenschaftliche Verlagsgesellschaft mbH Stuttgart 2003

Anschriften der Autoren:

Marianne Lennartz
Fachapothekerin für theoretische und praktische Ausbildung
Uhlweg 14
51429 Bergisch Gladbach

Peter Boas
Pflanzenschutzamt Berlin
Mohriner Allee 137
12347 Berlin

Ein Markenzeichen kann warenzeichenrechtlich geschützt sein, auch wenn ein Hinweis auf etwa bestehende Schutzrechte fehlt.

Bibliografische Information Der Deutschen Bibliothek
Die Deutsche Bibliothek verzeichnet diese Publikation in der Deutschen Nationalbibliografie; detaillierte bibliografische Daten sind im Internet unter http://dnb.ddb.de abrufbar.

ISBN 3-8047-1883-3

Jede Verwertung des Werkes außerhalb der Grenzen des Urheberrechtsgesetzes ist unzulässig und strafbar. Dies gilt insbesondere für Übersetzungen, Nachdrucke, Mikroverfilmungen oder vergleichbare Verfahren sowie für die Speicherung in Datenverarbeitungsanlagen.

© 2003 Wissenschaftliche Verlagsgesellschaft mbH,
Birkenwaldstr. 44, 70191 Stuttgart
Printed in Germany
Satz: Dörr + Schiller GmbH, Stuttgart
Druck: W. Kohlhammer, Stuttgart
Bindung: Sigloch, Blaufelden
Umschlaggestaltung: Atelier Schäfer, Esslingen

Vorwort

Wer kennt das nicht: Pflanzen kümmern plötzlich vor sich hin, durch den Garten krabbeln völlig unbekannte Tiere oder zu Hause findet sich ein Schädlingsbekämpfungsmittel und keiner erinnert sich mehr, wofür es gedacht war. Jetzt ist guter Rat gefragt, um schnell und effektiv reagieren zu können. Dieses handliche Kitteltaschenbuch führt blitzschnell auf die richtige Spur unter anderem bei folgenden Fragestellungen:

Was ist die Ursache, die zu dem Schaden geführt hat?

Welches Mittel packt das Übel an der Wurzel?

Welche Maßnahmen sind im privaten Garten sinnvoll und erlaubt?

Welches Hintergrundwissen gehört zum jeweiligen Bekämpfungsmittel?

Farbig markierte Schlüsselbegriffe erleichtern dabei das Nachschlagen zwischen den einzelnen Teilen. Die Zulassung von Pflanzenschutzmitteln richtet sich nach dem jeweiligen Kenntnisstand der Forschung. Es ist also durchaus möglich, dass nach Erscheinen des Buches Anwendungsbereiche oder Dosierungsempfehlungen von Pflanzenschutzmitteln geändert wurden. Die Packungsbeilage ist auf alle Fälle immer genau zu beachten!

An dieser Stelle möchte ich allen herzlich danken, die mich bei meiner Arbeit an diesem Buch unterstützt haben. In besonderem Maße gilt das für Herrn Peter Boas vom Pflanzenschutzamt Berlin, der mit seinen Bildern und seinem Praxiswissen zum Gelingen dieses Buches beigetragen hat, Frau Ulrike Mangel vom Referat Medizinische und Wissenschaftliche

Information der Bayer Vital GmbH, die dafür gesorgt hat, dass die Abbildungen der Haus- und Hygieneschädlinge kostenlos zur Verfügung gestellt wurden, und Frau Antje Piening, stellvertretend für das Lektorat Pharmazie bei der Wissenschaftlichen Verlagsgesellschaft, für die sehr angenehme Zusammenarbeit.

Bergisch Gladbach, Frühjahr 2003   Marianne Lennartz

Inhalt

Vorwort V
Einleitung 1
Pflanzenschutz, Vorratsschutz, Schädlingsbekämpfung 1
Integrierter Pflanzenschutz 2
Umgang mit Pflanzenschutzmitteln 6
Kompostierung von krankem Pflanzenmaterial im eigenen Garten? 14

Pflanzenschädlinge und -krankheiten

Ackerwinde 19
Apfelblütenstecher 20
Apfelwickler 21
Blattfallkrankheit 23
Blattfleckenkrankheit 24
Blattlaus 25
Blattrollwespe 27
Blattwanze 29
Blattwespe 30
Brennnessel 31
Buchsbaumfloh 32
Dickmaulrüssler 33
Distel 34
Feldmaus 35
Feuerbrand 36
Fichtengallenlaus 38
Frostspanner 39

Gallmilbe 41
Gespinstmotte 42
Giersch 43
Grauschimmelfäule (Botrytis) 45
Hahnenfuß 47
Kartoffelkäfer 48
Kiefernschütte 49
Kirschfruchtfliege 50
Klee 51
Knospenbräune 52
Kohlhernie 53
Kohlweißling 54
Kräuselkrankheit 56
Kraut- und Braunfäule 57
Kraut- und Knollenfäule 58
Lilienhähnchen 59
Löwenzahn 60
Made im Obst 61
Made der Gemüse- und Möhrenfliege 63
Mai- und Junikäfer 65
Maulwurf 66
Mehltau, Echter 67
Mehltau, Falscher 68
Miniermotte 69
Monilia Fruchtfäule 72
Monilia Spitzendürre 74
Moos 76
Mosaikkrankheit 77
Nematoden 79
Pflaumenwickler 80
Quecke 81
Rhododendronzikade 82
Rosentriebbohrer 83

Rosenzikade 84
Rostpilze 86
Rußtau 88
Schachtelhalm 89
Scharkakrankheit (Pockenkrankheit) 91
Schildlaus 93
Schnecken 94
Schorf 96
Schrotschusskrankheit 97
Sitkafichtenlaus 98
Spinnmilbe 99
Sprühfleckenkrankheit 101
Sternrußtau 102
Taschenkrankheit (Narrenkrankheit) 103
Thrips (Blasenfuß) 104
Wegerich 105
Weiße Fliege (Motten-Schildlaus) 106
Woll- und Schmierlaus 107
Wühlmaus (Schermaus, Erdratte) 108

Vorrats-, Hygiene- und Materialschädlinge

Ameisen 113
Fliegen 116
Flöhe 118
Holzschädlinge 120
Käfer in Lebensmitteln 122
Kleidermotten und andere Textilschädlinge 125
Lebensmittelmotten 128
Mäuse 130

Inhalt

Milben an Nahrungsmitteln 132
Milben an Gras 134
Milben im Hausstaub 135
Ratten 137
Schaben (Kakerlaken) 140
Silberfischchen 143
Stechmücken 144
Wanzen 145
Wespen 146
Zecken 148

Wirkstoffe und Nützlinge von A bis Z

d-**A**llethrin (Bioallethrin) 153
Apfelwickler-Granulosevirus 153
Azamethiphos 154
Bacillus thuringiensis 155
Bitertanol 156
Bitrex 157
Borax 157
Brodifacoum 158
Bromadialon 158
Butocarboxim 159
Carbamide (Harnstoff) 160
Chlorpyriphos 160
Cholecalciferol (Calciferol) 162
Coumatetralyl 163
Cyfluthrin 164

2,4-**D** (2,4-Dichlorphenoxyessigsäure) 166
Dicamba 167
Dichlorvos 168
Difenacoum 168
Difethialon 169
Dimethoat 170
Eisen-III-phosphat 172
Eisen-II-sulfat und Eisen-III-sulfat 172
Fenhexamid 173
Fipronil 174
Flocoumafen 175
Florfliegenlarven 176
Fosetyl 176
Gallmücken, Räuberische 177
Glufosinat-ammonium 178
Glyphosat 178
Imidacloprid 180
Kaliseife (Kaliumsalze natürlicher Fettsäuren) 181
Kupferoxychlorid 182
Lecithin 183
Marienkäfer, Australische 184
MCPA 185
Metaldehyd 185
Methiocarb 186
Methomyl 187
Methoprene 188
Metiram 188
Neem (Niem, Azadirachtin) 189
Nematoden, Parasitäre 190
Oxydemeton-methyl 191
Paraffinöl 192
Permethrin 193
Pflanzenstärkungsmittel 194

XII Inhalt

d-Phenothrin 195
Pheromone 196
Phoxim 197
Piperonylbutoxid 198
Pirimicarb 199
Propineb 200
Propoxur 200
Pyrethrum (Pyrethrine) 202
Pyriproxifen 205
Rapsöl 205
Raubmilben 206
Schlupfwespen 207
Schwefel 207
Sulfachinoxalin und andere Sulfonamide 208
Tetramethrin 209
Tolylfluanid 210
Transfluthrin 210
Trichlorfon 211
Warfarin 212
Zinkphosphid 213

Glossar 215
Literatur 230
Abbildungsnachweis 232
Wichtige Anschriften 233
Sachregister 239

Einleitung

Pflanzenschutz, Vorratsschutz, Schädlingsbekämpfung

Pflanzenschutzmittel sind Stoffe, die dazu bestimmt sind Pflanzen und Pflanzenerzeugnisse vor Schaderregern zu schützen. Der Vorratsschutz gehört also ebenso zum Pflanzenschutz! Zu den Pflanzenschutzmitteln gehören auch Herbizide, Keimhemmungsmittel (z. B. für Kartoffeln) und Wachstumsregler. Mittel, die zur Bekämpfung von Material- und Hygieneschädlingen (Kleidermotten, Kakerlaken) oder Lästlingen (Ameisen, Silberfischchen) dienen, sowie Dünge- und Pflanzenstärkungsmittel gehören nicht dazu. Letztere unterliegen jedoch den Bestimmungen des Pflanzenschutzgesetzes.

Diese Unterscheidung ist von Bedeutung, weil Pflanzenschutzmittel – genau wie Arzneimittel – nur mit einer Zulassung in Verkehr gebracht und nur mit Beratung von sachkundigen Personen an Privatverbraucher abgegeben werden dürfen. Diese Sachkunde erwerben Apotheker, PTA (Pharmazeutisch-technische Assistenten) und PKA (Pharmazeutisch-kaufmännische Angestellte) während ihrer Ausbildung. Für die Abgabe von Mitteln gegen Hygiene- und Materialschädlinge ist bislang noch kein besonderer Sachkundenachweis erforderlich, falls die Mittel nicht als Gefahrstoffe eingestuft sind. Die erforderliche Sachkunde zur Abgabe von Gefahrstoffen besitzen die Mitarbeiter in Apotheken aufgrund ihrer Ausbildung ebenfalls. In anderen Ländern wird nicht zwischen Pflanzenschutz- und Schädlingsbekämpfungsmitteln unterschieden. Man spricht dort in beiden Fällen von „Pestiziden", zumal es sich bei beiden Gruppen meist um Mittel mit den gleichen Wirkstoffen handelt. Da das deutsche Recht den Begriff „Pestizid" nicht verwendet, sollen hier die eindeutigen Bezeichnungen „Pflanzenschutzmittel" bzw. „Schädlingsbekämpfungsmittel im nichtagrarischen Bereich" verwendet werden.

Die Kunden, die sich in der Apotheke für Pflanzenschutzmittel interessieren, sind in der Regel Hobbygärtner. Für diese Privatanwender sind nur solche Pflanzenschutzmittel zugelassen, die folgende Bedingungen erfüllen:

- Sie müssen ausdrücklich für die Anwendung in Haus- und Kleingärten zugelassen sein. Dies muss deutlich auf den Packungen stehen!
- Sie sind weder sehr giftig noch ätzend und haben auch keine krebserzeugende, erbgutverändernde oder fortpflanzungsgefährdende Wirkung auf den Menschen.
- Wenn sie aus anderen Gründen als giftig, gesundheitsschädlich oder als reizend eingestuft sind, dürfen sie nur in Anwendungsformen und Verpackungen in Verkehr gebracht werden, mit denen bei sachgemäßer Anwendung eine Gefährdung von Mensch, Tier, Naturhaushalt und Grundwasser ausgeschlossen wird.
- Die Mittel dürfen nur in Packungsgrößen in den Handel gebracht werden, die zur Behandlung einer Fläche von maximal 500 m² ausreichend ist.

Zur Bekämpfung von Material- und Hygieneschädlingen im nichtagrarischen Bereich sind durchaus giftige und sehr giftige Mittel im Handel. Für diese gelten die Regeln der Gefahrstoffverordnung bzw. der Chemikalienverbotsverordnung.

Integrierter Pflanzenschutz

Damit die Umwelt nicht unnötig mit chemischen Substanzen belastet wird, ist jeder, der etwas mit Pflanzenschutz zu tun hat, verpflichtet, sich an die Regeln des integrierten Pflanzenschutzes zu halten.

> „Der integrierte Pflanzenschutz ist eine Kombination von Maßnahmen, bei denen unter vorrangiger Berücksichtigung biologischer, biotechnischer, pflanzenzüchterischer sowie anbau- und kulturtechnischer Maßnahmen die Anwendung chemischer Pflanzenschutzmittel auf das notwendige Maß beschränkt wird."

Indirekte Maßnahmen
Gesunde Pflanzen sind weniger anfällig für Schädlinge! Erste Maßnahme im integrierten Pflanzenschutz ist stets, sich darum zu kümmern, dass für das Klima und die vorhandenen Bodenverhältnisse geeignete Pflanzen angebaut und diese richtig gepflegt werden. Desweiteren werden Sorten bevorzugt oder gezüchtet, die gegen häufig auftretende Schaderreger resistent sind.

Auch mit Hilfe von Pflanzenstärkungsmitteln kann die Abwehrkraft von Pflanzen unterstützt werden. Hierbei handelt es sich um

- Stoffe, die die Widerstandsfähigkeit von Pflanzen gegen Schadorganismen erhöhen,
- Stoffe, die Pflanzen vor nichtparasitären Beeinträchtigungen schützen,
- so genannte Blumenfrischhaltemittel.

Pflanzenstärkungsmittel dürfen nur in den Verkehr gebracht werden, wenn sie bei bestimmungsgemäßer und sachgerechter Anwendung oder als Folge einer solchen Anwendung keine schädlichen Auswirkungen auf die Gesundheit von Mensch und Tier, das Grundwasser und den Naturhaushalt haben. Sie werden in eine Liste der Biologischen Bundesanstalt für Land- und Forstwirtschaft über Pflanzenstärkungsmittel aufgenommen und auf den Behältnissen und äußeren Umhüllungen oder Packungsbeilagen mit den entsprechenden Angaben („Pflanzenstärkungsmittel" und der Listennummer) versehen. Es gilt auch hier das Selbstbedienungsverbot, jedoch besteht keine Beratungspflicht bei der Abgabe an die Kunden.

Direkte Maßnahmen

Falls aber die Pflanze leidet, wird mit mechanischen, biologischen, biotechnischen und chemischen Methoden versucht der Pflanze zu helfen. Bei der Wahl der Methode müssen Kosten, Mühe, Dauer und Umweltverträglichkeit der einzelnen Verfahren gegeneinander abgewogen werden.

Mechanische Maßnahmen. Dazu gehören das Absammeln von Schädlingen, Unkraut jäten, kranke Triebe entfernen, das Errichten von Zäunen, der Schutz der Ernte vor Vögeln oder Fliegen durch Netze sowie der Gebrauch von einfachen Leimfallen gegen Insekten.

Biologische Maßnahmen. Auch Pflanzenschädlinge haben natürliche Feinde. Im Pflanzenschutz werden diese als „Nützlinge" bezeichnet. Unter einer biologischen Schädlingsbekämpfung versteht man die Verwendung von Lebewesen, um mit ihnen, durch menschlichen Eingriff, die Population bestimmter Schadorganismen zu begrenzen.

1. Verwendung von Parasiten. Im Freiland können parasitäre Nematoden und bestimmte Mikroorganismen gegen Raupen und Käferlarven eingesetzt werden. Schlupfwespen legen ihre Eier in lebende Blattläuse.
2. Verwendung von räuberischen Tieren (Prädatoren). Hierunter werden solche Insekten zusammengefasst, die an-

dere lebende Tiere aktiv jagen, ihnen auflauern und sie auffressen oder aussaugen. Die Marienkäfer und deren Larven ernähren sich z. B. von Blattläusen, die Igel verzehren Schnecken, Raubmilben leben von Milben, Vögel fressen Insekten usw.

Nützlinge werden gezielt gezüchtet und in Gewächshauskulturen eingesetzt. Dazu gehören z. B. Florfliegen gegen Blattläuse und Thripse.

3. Mikrobielle Bekämpfungsverfahren. Darunter versteht man z. B. den Einsatz von Bacillus thuringiensis zur Bekämpfung von Schmetterlingsraupen.

Biotechnische Maßnahmen. Die biotechnischen Verfahren nutzen die natürlichen Reaktionen der Tiere aus (Fressverhalten, Sexualverhalten, Fluchtverhalten, Aggregationsverhalten), um ihre Anzahl einzudämmen. Dazu zählen Lockstoffe (Düfte und Farben) aber auch Repellentien (meist Geruchsstoffe). Biotechnische Mittel, z. B. Gelbtafeln und Pheromonfallen, gehören zum Sortiment der Apotheken und werden im Hauptteil bei den entsprechenden Schädlingen aufgeführt.

Chemische Maßnahmen. Die letzte (und legitime!) Maßnahme des integrierten Pflanzenschutzes ist die Anwendung von chemischen Pflanzenschutzmitteln bei Pflanzenkrankheiten, die z. B. durch Pilzbefall verursacht werden, oder bei eindeutig identifizierten Schädlingen, wenn andere Verfahren zu aufwändig oder ineffektiv sind. Die chemischen Pflanzenschutzmittel töten die Pflanzenschädlinge ab und sollen stets gezielt eingesetzt werden, wobei nützlingsschonende Präparate bevorzugt werden sollen.

Wichtige Gruppen von Pflanzenschutzmitteln, die über Apotheken vertrieben werden, sind: Fungizide gegen Pilzbefall, Herbizide gegen Unkräuter, Molluskizide gegen Schnecken, Insektizide gegen Insekten, Akarizide gegen Milben und Rodentizide gegen Nagetiere.

Pflanzenschutzmittel, die natürliche, d.h. keine synthetisch hergestellten Wirkstoffe enthalten (Pyrethrum, Neem, Lecithin), unterliegen auch den Bestimmungen des Pflanzenschutzgesetzes. Es gelten auch hier die Zulassungspflicht, Auflagen und Anwendungsbestimmungen.

Umgang mit Pflanzenschutzmitteln

Formulierung

Pflanzenschutzmittel und Arzneimittel haben viel gemeinsam. Es handelt sich jeweils um Zubereitungen mit unterschiedlich stark wirkenden Inhaltsstoffen, die auf alle Fälle sachgerecht angewendet werden müssen. Außerdem werden die Pflanzenschutzmittel – genau wie die Arzneimittel – in bestimmten Darreichungsformen angeboten. Bei Pflanzenschutzmitteln spricht man von einer „Formulierung". Die Formulierung ist notwendig, weil der Wirkstoff meistens nicht pur angewendet werden kann. Das verkaufsfähige Pflanzenschutzmittel liegt z.B. in Emulsionen, Suspensionen, wasserlöslichen Granulaten oder Aerosolen vor. Im Hobbybereich werden die zugelassenen Pflanzenschutzmittel in erster Linie durch Spritzen, Sprühen und Streuen ausgebracht.

In Innenräumen werden häufig Sprays oder Stäbchen bzw. Zäpfchen, die in die Erde im Blumentopf gesteckt werden müssen, angewandt. Daneben gibt es auch noch Pflaster, die man um den Stängel der Pflanzen klebt. Der darin enthaltene Wirkstoff dringt in die Pflanze ein, wird systemisch transportiert und wirkt dann ebenso wie Spritzmittel.

Zulassung

Arzneimittel werden vom Bundesinstitut für Arzneimittel und Medizinprodukte erst zugelassen, wenn der Hersteller Wirksamkeit, Qualität und Unbedenklichkeit nachgewiesen hat. Pflanzenschutzmittel werden nur im Einvernehmen mit dem UBA (Umweltbundesamt) und vom Bundesinstitut für gesundheitlichen Verbraucherschutz und Veterinärmedizin für maximal 10 Jahre zugelassen. In der Bundesrepublik zugelassene Pflanzenschutzmittel tragen ein entsprechendes Symbol (Dreieck mit Ährenschlange) und eine Zulassungsnummer.

Zulassungszeichen. Nur Präparate mit diesem Zeichen sind verkehrsfähig. Die Einfuhr und der Handel mit Pflanzenschutzmitteln aus EU-Mitgliedsstaaten ist nur zulässig, wenn die Mittel durch das Bundesamt für Verbraucherschutz und Lebensmittelsicherheit in Deutschland zugelassen wurden. Durch die Zulassung wird bei bestimmungsgemäßer und sachgerechter Anwendung der Mittel neben der eigentlichen bioziden Wirkung, der Schutz von Mensch, Tier und Naturhaushalt gewährleistet.

Indikationszulassung. Seit Juli 2001 besteht für Pflanzenschutzmittel die sogenannte Gebotsindikation oder Indikationszulassung: Die jedem Pflanzenschutzmittel beiliegende Gebrauchsanleitung enthält alle Angaben, die der Anwender des Mittels beachten muss. Hierzu gehören u. a. Einsatzgebiet, Schaderreger, Kulturen/Objekte, Anwendungsbereiche, Anwendungshäufigkeiten, Anwendungszeitpunkte, Aufwandmenge, Anwendungstechnik, Mischungspartner und Wartezeiten.

Abgabe in der Apotheke

Für Pflanzenschutzmittel besteht Selbstbedienungsverbot. Der Kunde muss im Verkaufsgespräch über die sachgerechte Anwendung des Pflanzenschutzmittels beraten werden. Vorsicht: In zahlreichen Bundesländern existieren weitergehende Anwendungsbeschränkungen oder sogar Einsatzverbote für bestimmte Pflanzenschutzmittel. Beispielsweise ist die Anwendung von Herbiziden im Hobbygarten in Berlin landesrechtlich verboten. Zuwiderhandlungen können Bußgelder in Höhe von bis zu 50.000 € nach sich ziehen! Der Verkauf dieser Pflanzenschutzmittel ist aber erlaubt. Der Verkäufer ist rechtlich verpflichtet, dem Kunden im Verkaufsgespräch auch über bestehende Anwendungsbeschränkungen beim Einsatz solcher Pflanzenschutzmittel zu unterrichten.

Anwendung und Dosierung

Die sachgerechte Anwendung ist bei Pflanzenschutzmitteln ein wichtiger Punkt, auf den Kunden hingewiesen werden müssen! Wie schon erwähnt, dürfen Pflanzenschutzmittel nur nach Gebrauchsanleitung angewendet werden.

Auch der Anwendungszeitpunkt ist für eine erfolgreiche Behandlung sehr wichtig: Fungizide müssen vorbeugend oder sofort, wenn die Krankheitssymptome aufgetreten sind, angewendet werden. Andere Schädlinge werden nur bekämpft, wenn sie Schaden anrichten. Ein Mittel, das gegen Raupen wirksam ist, hilft nicht mehr, wenn die Raupen sich schon verpuppt haben.

Dass eine Überdosierung von Pflanzenschutzmitteln viele Probleme aufwirft, ist hinreichend bekannt. Aber auch eine zu niedrige Dosis kann für die Umwelt belastend sein: Das Mittel ist in diesem Fall entweder völlig wirkungslos und somit überflüssig, oder man fördert dadurch die Entwicklung von Resistenzen.

Anwenderschutz
Grundsätzliche Vorsichtsmaßnahmen im Umgang mit Pflanzenschutzmitteln:

- Zuerst die Gebrauchsanweisung genau und vollständig durchlesen. Sie enthält alle notwendigen Gefahrenhinweise und Sicherheitsratschläge.
- Schwangere Frauen, stillende Mütter, Minderjährige und Personen, die Hautverletzungen haben, sollen nicht mit Pflanzenschutzmitteln arbeiten.
- Besondere Vorsicht beim Ansetzen von Spritzflüssigkeiten walten lassen.
- Wenn zu geeigneter Schutzkleidung geraten wird, diese anziehen. Besonders wichtig ist das, wenn Pflanzenschutzmittel in Bäume oder andere hohe Pflanzen gesprüht werden. Das Mittel kann dabei auf den Anwender herabregnen und in die Augen, die Atemwege oder auf die Haut gelangen.
- Spritzer des Mittels auf Augen und Haut sofort mit viel Wasser und evtl. Seife abwaschen.
- Zum Sprühen und Spritzen nur einwandfreie und von der Zulassungsbehörde registrierte Arbeitsgeräte benutzen.

- Beim Sprühen in geschlossenen Räumen (Gewächshäusern) die evtl. vorgeschriebenen Atemschutzmasken tragen.
- Bei der Arbeit mit Pflanzenschutzmitteln nicht essen, trinken oder rauchen.
- Vor, während und auch unmittelbar nach der Arbeit keinen Alkohol trinken.
- Benutzte Arbeitsgeräte nicht unbeaufsichtigt herumliegen lassen.
- Schutzkleidung und Arbeitsgeräte nach Gebrauch reinigen.

Verbraucherschutz
Damit die Verbraucher nicht durch Pflanzenschutzmittelreste im Gemüse oder Obst gefährdet werden, müssen zum einen „Wartezeiten" eingehalten werden, zum anderen gilt die „Rückstands-Höchstmengenverordnung":

- Die Wartezeit ist der Zeitraum zwischen der Anwendung des Pflanzenschutzmittels und der Ernte.
- Die Höchstmenge ist der noch duldbare Rest des Wirkstoffs von Pflanzenschutzmitteln in oder auf Lebens- und Futtermitteln. Die Maßeinheit dafür ist Milligramm pro Kilogramm bzw. ppm (part per million).

Die Wirkstoffe der Pflanzenschutzmittel werden in der Natur abgebaut und verlieren dadurch ihre bioziden Eigenschaften. Dies geschieht entweder in der Pflanze selbst, durch die Einwirkung von Sonnenlicht oder in der Erde durch Mikroorganismen und durch chemische Reaktionen mit Mineralien und Wasser. Die Geschwindigkeit, mit der die einzelnen Wirkstoffe abgebaut werden, ist unterschiedlich. Von ihr hängt die Länge der Wartezeit ab. Es kann sein, dass ein relativ giftiges Pflanzenschutzmittel schneller abgebaut wird als ein weniger giftiges. Die Wartezeit ist dann bei dem giftigeren Mittel kürzer als bei dem weniger giftigen Mittel. Auch kann die Wartezeit bei verschiedenen Pflanzen für ein und dasselbe Mittel unterschiedlich lang sein. Die Wartezeiten und die Höchstmengen werden vor der Zulassung als Pflanzenschutzmittel in Versuchen festgestellt und gesetzlich festgelegt. Angaben zur Wartezeit finden sich in der Gebrauchsanleitung.

Umweltschutz

Damit die Umwelt durch Pflanzenschutzmittel nicht unnötig belastet wird, dürfen diese nur auf land- oder forstwirtschaftlich bzw. gärtnerisch genutzten Flächen angewendet werden. In der freien Natur sind sie nicht erlaubt!

Pflanzenschutzmittel müssen richtig dosiert werden und bei geeignetem Wetter ausgebracht werden. Geeignet sind windstille und trübe Tage, weil bei zuviel Hitze das Lösungsmittel schnell verdunstet und die behandelten Pflanzen Schaden nehmen, bei Regen wird das Mittel sofort abgewaschen und ist wirkungslos oder belastet das Grundwasser, bei Wind driftet es ab.

An Gewässern und Uferböschungen dürfen chemische Pflanzenschutzmittel nur mit besonderer Genehmigung angewendet werden. In Wasserschutzgebieten dürfen sie nur angewendet werden, wenn die Mittel keine Wasserschutzgebiets-Auflage haben. Nahezu alle Pflanzenschutzmittel haben sogenannte Abstandsauflagen zu Oberflächengewässern. Diese betragen, Präparat-abhängig, 5 bis 50 Meter und müssen eingehalten werden. Hinweise finden sich in der Gebrauchsanleitung.

Es existieren bundesweit Anwendungsverbote von Herbiziden auf versiegelten/gepflasterten Flächen. Diese Anwendungsverbote gelten für gepflasterte Terrassen, mit Kleinsteinpflaster, Beton oder mit Platten versiegelte Flächen wie

Bürgersteige, Garageneinfahrten oder Hofflächen. Meist befinden sich auf diesen Flächen noch Gullys. Die in Kleinpackungen erhältlichen Herbizide dürfen auf solchen Flächen nicht angewandt werden (u. a. auch wegen des vorbeugenden Gewässerschutzes). Verstöße können mit hohen Bußgeldern geahndet werden. Darüber muss der Kunde im Verkaufsgespräch unterrichtet werden!

Bienenschutz

Bienen liefern nicht nur Honig, sie sind für viele Pflanzen unentbehrlich, wenn die Blüten bestäubt werden müssen. Falls ein Insektizid den Bienen schadet, muss es als „bienengefährlich" gekennzeichnet werden. Es darf dann je nach Grad der Gefährdung für Bienen entweder nicht bei blühenden Pflanzen angewendet werden, oder nur zu Zeiten, in denen die Bienen nicht fliegen.

B 1	„Bienengefährlich"	Diese Mittel dürfen auf gar keinen Fall auf blühende Pflanzen oder auf Pflanzen, an welchen Honigtau auftritt, ausgebracht werden.
B 2	„Bienengefährlich, ausgenommen bei Anwendung nach dem täglichen Bienenflug bis 23:00 Uhr"	Diese Präparate schädigen die Bienen nur bei direktem Kontakt. Wenn der Belag getrocknet ist, besteht für die Bienen keine Gefahr mehr.
B 3	„Nicht bienengefährlich aufgrund der Anwendung"	Diese Präparate sind für Anwendungen gedacht, bei welchen sie nicht mit Bienen in Kontakt kommen (Anwendung bei Saatgut oder Zimmerpflanzen).
B 4	„Nicht bienengefährlich aufgrund einer amtlichen Prüfung"	Es wurde vor der Zulassung nachgewiesen, dass für Bienen keine Gefahr besteht.

Lagerung und Abgabe

Grundsätzlich dürfen Pflanzenschutzmittel nicht zusammen mit Futtermitteln, Lebensmitteln und Arzneimitteln gelagert werden. Sie brauchen in der Apotheke also einen separaten Lagerort. Pflanzenschutzmittel dürfen nur in der Originalverpackung aufbewahrt, gelagert und verkauft werden. Die Lagervorschriften gelten nicht nur für die Händler, sondern auch für die Verbraucher!

Pflanzenschutzmittel sind beratungspflichtig, dürfen also nicht in der Selbstbedienung (Freiwahl), wohl aber in der Sichtwahl, angeboten werden. Nur sachkundige Personen dürfen Pflanzenschutzmittel abgeben. Apotheker, PTA und PKA erwerben während ihrer Ausbildung die Sachkunde für die Abgabe von Pflanzenschutzmitteln.

Nach Ablauf der Zulassung ist der Verkauf nicht mehr erlaubt. Verwendet werden dürfen sie in der Regel – falls kein Anwendungsverbot ausgesprochen wurde – noch in den folgenden beiden Jahren. Ansonsten gelten auch hier die Regelungen der Gefahrstoffverordnung. Nichtagrarische Schädlingsbekämpfungsmittel dürfen (noch!) in die Freiwahl, sofern die Gefahrstoffverordnung dies nicht verbietet. Mit dem Biozidgesetz vom 20. Juni 2002 werden nach einer mehrjährigen Übergangszeit nichtagrarische Schädlingsbekämpfungsmittel ebenso wie Pflanzenschutzmittel bewertet und amtlich zugelassen.

Entsorgung

Reste von Pflanzenschutzmitteln sind Problemabfälle. Deshalb ist es am besten, wenn nur so viel Pflanzenschutzmittel wie nötig gekauft wird. Wenn aber Reste übrig bleiben, gelten folgende Regeln:

- Reste von Spritzbrühen werden 1:10 verdünnt und auf die schon behandelten Flächen ausgebracht. Keine Reste in den Arbeitsgeräten lassen! Keine Reste in die Kanalisation gießen!
- Reste von Pflanzenschutzmitteln bei Sammelstellen für Haushaltschemikalien abgeben, nicht in der Apotheke!
- Leere Verpackungen zum Restmüll oder – falls mit dem grünen Punkt gekennzeichnet – zur Wertstoffsammlung geben.

Kompostierung von krankem Pflanzenmaterial im eigenen Garten?

Als allgemeine Regel für die Kompostierung sollten Sie folgendes beachten:

Pflanzen, die Krankheits- oder Schädlingsbefall im Wurzel- und Stengelbereich aufweisen dürfen nicht kompostiert werden. Der Grund liegt in der Bildung von Dauerformen oder Überwinterungsstadien, die über den Kompost weiterverbreitet werden können.

Das trifft z. B. zu bei Befall durch Kohlgallenrüssler, Wurzelgallenälchen, Gemüsefliegen sowie für Asternwelke, Erkrankungen an Blumenzwiebeln und -knollen, Welkeerkrankungen an Gurken und Tomaten, Wurzelfäulen bei Erdbeeren.

Anders sieht es bei Krankheitsbefall an Blättern oder Früchten, wie Schorf, Mehltau, Birnengitterrost, Sprühfleckenkrankheit oder anderen Blattfleckenerkrankungen aus. Dann ist grundsätzlich eine Kompostierung möglich, wenn eine Abdeckung mit mindestens 10 cm Erde oder anderem dichten Material (z. B. Grasschnitt) erfolgt. Damit werden vorhandene Sporen an der Ausbreitung gehindert. Ein Überdauern derartiger Sporen im Kompost ist durch die Verrottungsvorgänge nicht zu erwarten. Durch eine solche sachgemäße Kompostirung werden diese Krankheiten im Garten nicht zusätzlich gefördert, so dass eine Entsorgung über Laubsäcke oder die Mülltonne entfallen kann.

Bei Krankheiten, die an überwinternden Pflanzenteilen überdauern und bei denen es im Frühjahr dort zur Sporenbildung für die Neuinfektion kommt (z.B. Obstschorf, Sprühfleckenkrankheit, Monilia oder Kraut- und Braunfäule) und die Gefahr besteht, dass Pflanzenteile noch nicht verrottet sind, sollte die Abdeckung im Frühjahr nach dem Umsetzen vorsichtshalber erneuert werden.

Pflanzenschädlinge und -krankheiten

Ackerwinde

Vorkommen und Eigenschaften
Besonders auf trockenen, kalkhaltigen, durchlässigen Böden. Sie bildet tiefe Pfahlwurzeln und auch Ausläufer.

Maßnahmen
- Vorbeugen ist sinnlos. Wenn die Pflanzen so überhand genommen haben, dass man es nicht mehr schafft, sie auszureißen, kann man sie mit einem Totalherbizid bekämpfen.
- Herbizide: Glyphosat. Einzelbehandlung ist möglich.
- Gepflasterte Wege, Garageneinfahrten und Terrassen gehören nicht zu den „gärtnerisch bewirtschafteten Flächen". Die Anwendung von Herbiziden ist dort nicht erlaubt!

Apfelblütenstecher

Vorkommen
Apfel

Schädlinge
Die Knospen der Apfelbäume öffnen sich nicht. Die Ursache sind die Weibchen der Apfelblütenstecher. Sie bohren die Blütenknospen an und legen ihre Eier darin ab.

Maßnahmen
▶ Insektizide: Zur Zeit ist kein Mittel zugelassen.

Apfelwickler

Vorkommen
Apfel

Schädlinge
Im Mai/Juni legen die Weibchen des Apfelwicklers ihre Eier an den jungen Früchten ab. Die geschlüpften Larven fressen sich ins Innere der Früchte, dort kennen wir sie als „Obstmaden" oder „Würmer". Zum Verpuppen verlassen die Raupen den Apfel und suchen sich einen Platz an der Rinde des Baumstamms. Oft tritt eine 2. Generation der Falter im August auf.

Maßnahmen
- Fanggürtel aus Wellpappe um die Stämme binden und im Herbst mitsamt den verpuppten Raupen entfernen.

- Obstmadenfallen **(Pheromonfallen)** in die Bäume hängen.
- Lockstofffallen mit Insektizid **(Cyfluthrin)** anbringen.
- Die direkte Bekämpfung mit Insektizid ist schwierig, weil die Raupen genau dann erwischt werden müssen, wenn sie aus dem Ei geschlüpft sind, und bevor sie sich in den Apfel gefressen haben.

Blattfallkrankheit

Vorkommen
Beerensträucher, z. B. an Johannisbeeren

Schadbild
Die Blätter von Beerensträuchern bekommen kleine, runde, bräunliche Flecken, dann werden sie gelb, rollen sich ein und fallen mitten im Hochsommer ab. Die Sporen des Schadpilzes überwintern im Laub und können im folgenden Frühjahr die jungen Sprosse erneut infizieren.

Maßnahmen
- Infiziertes Laub entfernen.
- Vorbeugend mit Pflanzenstärkungsmitteln behandeln.
- Behandlung mit Fungiziden: Zurzeit ist für Kleingärten kein Mittel zugelassen.

Blattfleckenkrankheit

Vorkommen
Rhododendron, Dahlie, Rose, Sellerie, Tomate

Schadbild
Blattpilze rufen rotbraune bis graue Flecken auf den Blättern hervor. Das abgestorbene Gewebe wird trocken und brüchig. Meistens sind nur die unteren Blätter der Pflanze betroffen.

Maßnahmen
- Richtig düngen.
- Befallene Blätter entfernen und vernichten.
- Vorbeugend mit Pflanzenstärkungsmitteln behandeln.
- Behandeln mit Fungiziden (im Garten meist nicht nötig): Kupferoxychlorid.

Blattlaus

Vorkommen
Grünpflanzen

Schädlinge
Blattläuse, die meist grün oder schwarz – manchmal aber auch gelblich oder rötlich – sind, saugen aus den Pflanzen den Saft, wobei sie zarte Blätter und junge Triebe bevorzugen. Bei starkem Befall durch Blattläuse können Pflanzen, die noch nicht kräftig sind, vertrocknen und absterben. Außerdem übertragen die Blattläuse Viruskrankheiten von anderen Pflanzen.

Die Blattläuse sondern Honigtau ab, eine zuckerhaltige Flüssigkeit, die auf den Blättern ein ideales Substrat für Rußtaupilze ist.

Maßnahmen
- Biotope für Nützlinge fördern (Marienkäfer, Ohrwürmer, Vögel).
- Ameisen bekämpfen (die Ameisen pflegen die Blattläuse als Honigtaulieferanten).
- Pflanzen nicht zu viel düngen, damit die Blätter nicht zu schnell wachsen und dadurch sehr zart bleiben.
- Unter Obstbäumen Pflanzen wachsen lassen, die die Blattläuse zu sich locken (z.B. Kapuzinerkresse).
- Blattläuse mit Wasser wegspritzen.
- Blattläuse mit 1 EL Spiritus saponatus in 1 l Wasser abspülen.
- Gezielter Einsatz von Nützlingen in Gewächshäusern: Florfliegenlarven, Räuberische Gallmücken.
- Insektizide: Butocarboxim, Dimethoat, Imidacloprid, Kaliseife, Neem, Oxydemeton-methyl, Pyrethrum, Rapsöl.

Blattrollwespe

Vorkommen
Rose

Schädlinge
Ab Ende Mai sind die Blätter der Rosen von den Rändern zur Mitte röhrenförmig eingerollt. In diesen Blättern kann man ab Juni die weiße oder hellgrüne Larve der Blattrollwespe finden. Die Blätter vergilben und fallen ab. Die etwa 4 mm lange schwarze Blattrollwespe legt Anfang Mai ihre Eier an den Blatträndern ab. Die geschlüpften Larven fressen die Oberfläche der Blattunterseiten ab (Schabefraß), wodurch sich die Blätter einrollen. Wenn die Larve sich verpuppt hat, fällt der Kokon zu Boden, wo er überwintert.

Maßnahmen

- Vorbeugen ist nicht möglich.
- Wenn die Blätter ganz eingerollt sind, die Blätter incl. Raupe entfernen.
- Insektizide: Pyrethrum (anwenden, solange die Blätter noch nicht völlig zusammengerollt sind).

Blattwanze

Vorkommen
Dahlie

Schädlinge
Die Blattwanzen stechen junge Triebe, Blätter und Knospen an und saugen den Pflanzensaft. Die Triebe haben kleine Löcher und verkrüppeln, die Blüten entwickeln sich nur einseitig. Außerdem können die Blattwanzen auch Viren übertragen.

Maßnahmen
- Die Tiere am frühen Morgen, wenn sie noch in der Kältestarre sind, absammeln.
- Insektizide: Imidacloprid, Neem, Pyrethrum.

Blattwespe

Vorkommen
Rose

Schädlinge
Die etwa 10 mm langen Larven der Blattwespen, die im Aussehen kleinen Nacktschnecken ähneln, nagen im Mai/Juni die Oberhaut der Blätter ab. Es bleibt nur noch die mittlere Hautschicht der Blätter stehen („Fensterfraß").

Maßnahmen
- Nützlinge fördern, besonders Vögel.
- Insektizide: Pyrethrum.

Brennnessel

Vorkommen und Eigenschaften
Die Kleine Brennnessel vermehrt sich hauptsächlich durch Samen, während die Große Brennnessel kriechende unterirdische Ausläufer bildet. Beide Arten bevorzugen lockere, nährstoffreiche Böden. Sie verbrauchen viel Stickstoff, der anderen Pflanzen dann nicht mehr zur Verfügung steht. Brennnesseln sind für Schmetterlingsraupen eine wichtige Nahrungsquelle.

Maßnahmen
- Kleine Brennnessel jäten.
- Große Brennnessel mit allen Ausläufern entfernen.
- Herbizide: Glyphosat gegen große Brennnessel. Einzelbehandlung oder Spritzen.
- Gepflasterte Wege, Garageneinfahrten und Terrassen gehören nicht zu den „gärtnerisch bewirtschafteten Flächen". Die Anwendung von Herbiziden ist dort nicht erlaubt!

Buchsbaumfloh

Vorkommen
Buchsbaum

Schädlinge
Gelbgrüne, blattlausähnliche Tierchen. Sie saugen an den Spitzen der Buchsbaumtriebe. Die Blätter an den Spitzen der Triebe sind bei Befall löffelartig gewölbt und mit einem wachsartigen Belag überzogen.

Maßnahmen
- Triebspitzen zurückschneiden.
- Insektizide: Paraffinöl (vor dem Blattaustrieb die Larven der Buchsbaumflöhe bekämpfen), Pyrethrum.

Dickmaulrüssler

Vorkommen
Rose, Rhododendron, Balkonpflanzen

Schädlinge
Der flugunfähige, nachtaktive Dickmaulrüssler frisst von den Rändern her runde Löcher in die Rhododendronblätter. Seine Larven fressen die Wurzeln der Rhododendronsträucher ab. Obwohl es rätselhaft ist, wie sie dahin gelangen, findet man sie nicht selten auch in Balkonkästen und Pflanzkübeln.

Maßnahmen
- Käfer nachts (mit Taschenlampe) von den Pflanzen absammeln oder tagsüber von Brettern, unter denen sie sich verstecken, bevor sie ihre Eier an die Wurzeln der Pflanze ablegen.
- Insektizide: Parasitäre Nematoden.

Distel

Vorkommen und Eigenschaften
Sie gedeihen fast überall und gehören zu den schwer bekämpfbaren Wurzelunkräutern. Besonders unangenehm sind die stechenden Disteln im Rasen,

Maßnahmen
- Disteln ausstechen bevor sie blühen.
- Herbizide: Glyphosat. Einzelbehandlung ist möglich.
- Gepflasterte Wege, Garageneinfahrten und Terrassen gehören nicht zu den „gärtnerisch bewirtschafteten Flächen". Die Anwendung von Herbiziden ist dort nicht erlaubt!

Feldmaus

Schädlinge
Feldmäuse richten an Pflanzen Schäden an, weil sie sich von den Wurzeln und Wurzelknollen ernähren.

Maßnahmen
- Lebensraum für Greifvögel erhalten.
- Rodentizide: **Zinkphosphid.**

Feuerbrand

Vorkommen

Feuerdorn, Cotoneaster, Apfel, Weißdorn und andere Rosacaeen

Schadbild

Blätter und Triebspitzen werden zunächst braun, dann schwarz und knicken innerhalb von 3 bis 5 Tagen nach unten ab. Die Pflanze sieht aus wie verbrannt. Die Früchte bleiben mumifiziert an den Bäumen hängen. An den Fruchtmumien bilden sich süßliche Ausscheidungen, die mit den Feuerbrand-Bakterien von saugenden und beißenden Insekten auf die Blüten, Spaltöffnungen oder kleine Wunden anderer Pflanzen übertragen werden.

Da die Krankheit sehr ansteckend ist, kann die Rodung der Pflanzen behördlich angeordnet werden.

Die Krankheit ist beim zuständigen Pflanzenschutzdienst meldepflichtig!

Maßnahmen
- Blattläuse und andere Insekten bekämpfen.
- Infizierte Pflanzen entfernen und vernichten.
- Gartenwerkzeuge (Astscheren, Sägen) desinfizieren.
- Chemische Bekämpfung ist derzeit nicht möglich.

Fichtengallenlaus

Vorkommen
Fichte

Schädlinge
An der Basis von jungen Trieben sind Verdickungen, die wie Beeren oder Nüsse aussehen. In den Knospenschuppen überwintern die Gallenläuse. Die Larven beginnen im Frühjahr zu saugen, wobei diese Gallen entstehen. In ihnen entwickeln sich die Läuse weiter.

Maßnahmen
- Im Mai/Juni die Gallen entfernen.
- Insektizide: Im zeitigen Frühjahr die Triebe mit Paraffinöl-Austriebspritzmitteln behandeln.

Frostspanner

Vorkommen
Süßkirsche und andere Obstbäume, Eiche, Ahorn, Linde

Schädlinge
Gefräßige kleine grüne Raupen, die sich mit einem typischen Katzenbuckel fortbewegen, fressen Löcher in Blätter und Früchte. Manchmal werden die Blätter bis auf die Mittelrippe kahl gefressen. Sie treten in Massen auf. Anfang Juni seilen sich die Raupen an einem Spinnfaden von den Bäumen ab und verpuppen sich unter der Erde. Nach den ersten Nachtfrösten klettern die geschlüpften flugunfähigen Weibchen zur Eiablage an den Bäumen empor. Die Eier überwintern in Rindenritzen und auf Zweigspitzen.

Maßnahmen

- Ab Oktober Leimringe dicht um die Baumstämme kleben.
- Die Eier in Rinde und Baumkrone mit Austriebspritzmittel auf Basis von Paraffinöl gut besprühen.
- Insektizide: Bacillus thuringiensis, Neem.

Gallmilbe

Vorkommen
Johannisbeere

Schädlinge
Johannisbeergallmilben überwintern zu Tausenden in den Knospen. Diese sind aufgetrieben und können sich nicht oder nur schwach weiterentwickeln.

Maßnahmen
- Vor dem Austrieb verdächtige Knospen entfernen.
- Bei starkem Befall Triebe herausschneiden.
- Akarizide: Öl-in-Wasser-Emulsionen mit Paraffinöl.

Gespinstmotte

Vorkommen
Zahlreiche Bäume und Sträucher

Schädlinge
Die Raupen der Gespinstmotten überwintern in den Knospen, hüllen nach dem Austrieb mehrere junge Blätter in ihre Fäden ein und fressen sie bis auf die Blattrippen kahl. Die kahlen Triebe sind in Gespinste gehüllt, die sich über ganze Äste ausdehnen können. Im Juni verpuppen sich die Raupen, im Juli schlüpfen die Falter.

Maßnahmen
- Gespinste sofort entfernen.
- Insektizide: Neem, Pyrethrum. Raupen einsprühen, solange die Gespinste noch nicht zu dicht sind.

Giersch

Vorkommen und Eigenschaften
Vorkommen an schattigen Stellen auf feuchten, lockeren, gut gedüngten Böden. Ausdauerndes Gewächs mit pfahlförmiger Hauptwurzel und stark verzweigten Ausläufern. Vermehrung hauptsächlich durch diese Ausläufer aber auch durch Samen. Verdrängt alle anderen Pflanzen.

Maßnahmen
- Nur mäßig düngen.
- Fläche dick mulchen.
- Nicht umgraben, weil dadurch die Wurzelausläufer geteilt und die Ausbreitung noch mehr gefördert wird. Nach dem Jäten treibt Giersch wieder aus.

- Herbizide: Glufosinat-ammonium. Gießen oder spritzen. Behandlung ein bis zwei Wochen nach dem Wiederaustrieb wiederholen.
- Gepflasterte Wege, Garageneinfahrten und Terrassen gehören nicht zu den „gärtnerisch bewirtschafteten Flächen". Die Anwendung von Herbiziden ist dort nicht erlaubt!

Grauschimmelfäule (Botrytis)

Vorkommen
Wein, Erdbeere, Himbeere, Rose, Balkonpflanzen, Gemüse

Schadbild
Blüten und Früchte verschimmeln. Es bildet sich ein grauer, fauliger Belag.

Der Pilz dringt schon während der Blüte in die Pflanze ein. Feuchte Witterung, zu enge Bepflanzung, Überdüngung und zu wenig Licht begünstigen die Ausbreitung des Pilzes.

Maßnahmen
- Resistente Sorten wählen.
- Auf ausreichend Pflanzabstand achten.
- Befallene Pflanzenteile entfernen.

- Nicht über die Blätter gießen.
- Vorbeugend mit Pflanzenstärkungsmitteln behandeln.
- Behandlung mit Fungiziden: Fenhexamid.
- Sträucher auslichten.
- Erdbeerbeete mit Stroh mulchen.

Hahnenfuß

Vorkommen und Eigenschaften
Der Hahnenfuß verbreitet sich mit oberirdisch kriechenden Ausläufern auf nährstoffreichen, sehr schweren Böden im Schatten und auf Rasenflächen.

Maßnahmen
- Beim Jäten nicht hacken, sondern die Pflanze mit allen Ausläufern herausziehen.
- Herbizide: Dicamba, 2,4-D, MCPA.
- Gepflasterte Wege, Garageneinfahrten und Terrassen gehören nicht zu den „gärtnerisch bewirtschafteten Flächen". Die Anwendung von Herbiziden ist dort nicht erlaubt!

Kartoffelkäfer

Vorkommen
Kartoffel

Schädlinge
Käfer und Larven fressen die Blätter der Kartoffeln ab. Die Käfer überwintern im Boden.

Maßnahmen
- Kartoffelkäfer absammeln.
- Insektizide: Neem, Pyrethrum.

Kiefernschütte

Vorkommen
Kiefer

Schadbild
Im Herbst kann man nach Pilzbefall vor allem bei jungen Bäumen auf den Nadeln kleine, gelbe Punkte erkennen. Im Winter werden die Nadeln braun und fallen im Frühjahr ab.

Maßnahmen
- Abgestorbene Nadeln sofort aufsammeln und vernichten.
- Vorbeugend mit Pflanzenstärkungsmitteln behandeln.
- Behandlung mit Fungiziden: Zur Zeit ist kein Mittel zur Bekämpfung der Kiefernschütte zugelassen.

Kirschfruchtfliege

Vorkommen
Süßkirsche

Schädlinge
Die Früchte sehen matt aus und werden weich. Im Inneren der Früchte fressen sich die Maden der Kirschfruchtfliege satt.

Maßnahmen
- Alle Früchte restlos abernten.
- Einsatz von biotechnischen Mitteln: Kirschfruchtfliegenfallen (Neudorff, Celaflor) in die Bäume hängen, wenn die Kirschen gelb werden. Die Kirschfruchtfliegen werden durch Fraßköder und die gelbe Farbe auf den Leim gelockt und somit daran gehindert, ihre Eier in den Früchten abzulegen.

Klee

Vorkommen und Eigenschaften

Im Rasen ist Klee ein störendes Unkraut, weil er die Gräser verdrängt.

Maßnahmen
- Richtig düngen, der pH-Wert des Bodens für Rasen sollte bei 6 bis 6,5 liegen.
- Herbizide: Dicamba, 2,4-D, MCPA.
- Gepflasterte Wege, Garageneinfahrten und Terrassen gehören nicht zu den „gärtnerisch bewirtschafteten Flächen". Die Anwendung von Herbiziden ist dort nicht erlaubt!

Knospenbräune

Vorkommen
Rhododendron

Schadbild
Die Knospen bleiben geschlossen, werden braun, fallen aber nicht ab. Die Ursache ist eine Pilzinfektion, die durch die Rhododendronzikade übertragen wird.

Maßnahmen
▶ Direkte Bekämpfung mit Fungizid ist nicht möglich. Die Rhododendronzikade muss bekämpft werden.

Kohlhernie

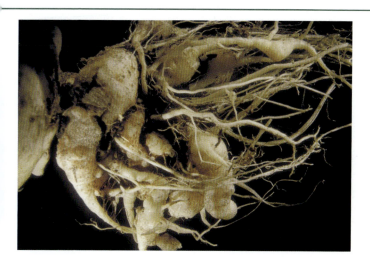

Vorkommen
Kohl und andere Kreuzblüter

Schadbild
Die Pflanzen verkümmern und welken, die Wurzeln sind angeschwollen und knollenartig verdickt. Die Geschwulste sind innen nicht hohl. Die Pilzsporen überwintern im Boden.

Maßnahmen
- Kranke Kohlstrünke mit Wurzeln entfernen und vernichten.
- Auf befallenen Beeten mindestens 3 Jahre lang keinen Kohl oder andere Kreuzblüter anbauen.
- Behandlung mit Fungiziden ist zurzeit nicht möglich.

Kohlweißling

Kleiner Kohlweißling

Raupe des großen Kohlweißlings

Kohlweißling

Vorkommen
verschiedene Kohlsorten

Schädlinge
Die Raupen des Großen und Kleinen Kohlweißlings zerfressen und verunreinigen die Blätter der Kohlpflanzen. Die Eiablage erfolgt im Mai und Juni.

Maßnahmen
- Gleich nach der Anpflanzung das Beet mit Gemüseschutznetzen abdecken.
- Insektizide: Bacillus thuringiensis, Pyrethrum.

Kräuselkrankheit

Vorkommen
Pfirsich

Schadbild
Hellgrüne oder rötliche Deformationen an den Blättern, verkrüppelte Blattbüschel, gestauchte Triebe. Im Juni/Juli treiben erneut Blätter aus. Die Früchte entwickeln sich nicht und fallen vorzeitig ab. Das Pilzgeflecht überwintert auf Trieben und Knospenschuppen.

Maßnahmen
- ▶ Befallene Blätter, Triebe und Fruchtmumien entfernen und vernichten.
- ▶ Baumkrone auslichten.
- ▶ Vorbeugend mit Pflanzenstärkungsmitteln behandeln.
- ▶ Behandlung mit Fungiziden: Zur Zeit ist kein Mittel zur Bekämpfung der Kräuselkrankheit zugelassen.

Kraut- und Braunfäule

Vorkommen
Tomate

Schadbild
Blätter und Stängel bekommen durch die Pilzinfektion braune Flecken. An den Früchten erscheinen harte, tief ins Fruchtfleisch gehende braune Flecken.

Maßnahmen
- Stützstäbe der Tomaten reinigen, damit keine Pilzsporen durch sie übertragen werden.
- Die unteren Blätter im Laufe des Sommers entfernen, um Infektionsgefahr vom Boden zu verringern.
- Vorbeugend mit Pflanzenstärkungsmitteln behandeln.
- Bchandlung mit Fungiziden: Kupferoxychlorid, Propineb.

Kraut- und Knollenfäule

Vorkommen
Kartoffel

Schadbild
Durch die Pilzinfektion rollen sich die Blätter ein und das Kraut stirbt innerhalb weniger Tage ab. Die Krankheit geht auf die Knollen über: Das Fleisch der Kartoffeln wird zunächst rötlich-braun bevor die Kartoffeln verfaulen.

Maßnahmen
- Keine infizierten Kartoffeln bei der Ernte in der Erde zurücklassen. Die Sporen überwintern in den Knollen und Ernterückständen.
- Vorbeugend mit Pflanzenstärkungsmitteln behandeln.
- Behandlung mit Fungiziden: Kupferoxychlorid, Metiram, Propineb.

Lilienhähnchen

Vorkommen
Lilie

Schädlinge
Die Lilienhähnchen sind glänzend ziegelrote Käfer. Die Larven, die im Mai aktiv sind, ähneln kleinen Nacktschnecken und zerfressen schon im Frühjahr die Blätter von Lilien.

Maßnahmen
▶ Insektizide: Neem.

Löwenzahn

Vorkommen und Eigenschaften
Wächst in allen Böden, vermehrt sich durch Flugsamen. Rasenunkraut.

Maßnahmen
- ▶ Regelmäßig vor der Blüte ausstechen.
- ▶ Herbizide: Dicamba, 2,4-D, MCPA.
- ▶ Gepflasterte Wege, Garageneinfahrten und Terrassen gehören nicht zu den „gärtnerisch bewirtschafteten Flächen". Die Anwendung von Herbiziden ist dort nicht erlaubt!

Made im Obst

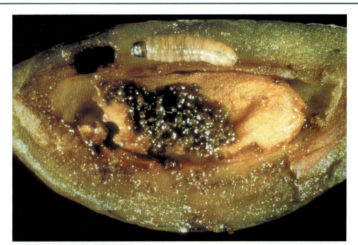

Made des Pflaumenwicklers

Made des Apfelwicklers

Vorkommen
Obst

Schädlinge
Siehe: Kirschfruchtfliege, Apfelwickler, Pflaumenwickler.

Maßnahmen
- Biotechnische Präparate: Kirschfliegen-Falle (Neudorff), Kirschfruchtfliegen-Falle (Celaflor), spätestens dann aufhängen, wenn die Kirschen gelb werden. Klebefallen mit Pheromonen.
- Lockstoff-Fallen mit Insektizid (Cyfluthrin).
- Insektizide: Apfelwickler-Granulosevirus.

Made der Gemüse- und Möhrenfliege

Kohlfliege an Radieschen

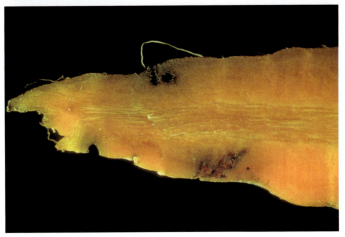

Schadbild der Möhrenfliege

Vorkommen
Kohl, Rettich, Radieschen, Möhre, Sellerie, Petersilie, Zwiebel

Schädlinge
Weißliche Maden fressen sich durch die Wurzeln. Die Fraßgänge können zusätzlich von Fäulnispilzen befallen werden. Sie überwintern als Puppen im Boden.

Maßnahmen
- Fliegenschutznetze spannen, damit die Fliegen keine Eier in die Beete legen können.
- Nach der Ernte keine Pflanzenreste im Beet lassen. Befallene Pflanzen mit Erde ausgraben und vernichten.
- Vorbeugend mit Bio-Gemüse Streumittel (Neudorff) behandeln.
- Insektizide: **Chlorpyriphos.**

Mai- und Junikäfer

Vorkommen
Pflanzen

Schädlinge
Die erwachsenen Käfer fressen an den Blättern der Pflanzen, die Larven (Engerlinge) leben 2 Jahre unter der Erde und fressen im Boden an den Wurzeln der Pflanzen (auch von Bäumen und Rasen).

Maßnahmen
- Lebensraum für Vögel erhalten.
- Für Privatanwender sind keine Mittel gegen Maikäfer zugelassen.

Maulwurf

Schädlinge
Der Maulwurf gehört eigentlich zu den Nützlingen, da er Insekten frisst, ärgert die Gärtner aber, weil er an unpassenden Stellen Erdhügel aufwirft. Er gehört zu den geschützten Tieren, darf also nicht bekämpft, sondern lediglich durch Repellentien vertrieben werden. Selbst das Vertreiben von einem Ort zu einem anderen sieht die Berliner Naturschutzbehörde als problematisch.

Maßnahmen
- Repellentien: Maulwurf-Schreck (Neudorff), mit pflanzlichen und tierischen Ölen getränkte Holzstäbchen. Detia Maulwurf-Frei, Kugeln mit ätherischen Ölen.

Mehltau, Echter

Vorkommen
Rose, Gurke, Stachelbeere, Kernobst, Pfirsich, Wein, Ziergehölze (z. B. Mahonien)

Schadbild
Weißer Belag auf der Oberseite der Blätter, Knospen und Triebe. Die Blätter verkümmern und sterben ab. Begünstigt wird die Pilzinfektion durch schwülwarmes Wetter und Überdüngung.

Maßnahmen
- Auf ausreichende Pflanzabstände achten.
- Infiziertes Laub entfernen.
- Befallene und abgestorbene Triebe entfernen.
- Vorbeugend mit Pflanzenstärkungsmitteln behandeln.
- Fungizidbehandlung: Bitertanol, Lecithin, Schwefel.

Mehltau, Falscher

Vorkommen
Obst, Gemüse, Zierpflanzen, Peronospora bei Wein

Schadbild
An der Blattoberseite braunrote bis violette Flecken, an der Blattunterseite spärlicher Schimmelbelag. Die Blätter fallen ab, die Pflanze verkümmert. Der Pilz überwintert auf abgefallenen Blättern und kranken Trieben und breitet sich besonders stark bei feuchter Witterung aus.

Maßnahmen
- Abgefallene Blätter und tote Triebe entfernen.
- Mit kaliumreichem Dünger versorgen.
- Nicht über die Blätter gießen.
- Behandlung mit Fungiziden (vorbeugend!): Fosethyl, Kupferoxychlorid, Metiram.

Miniermotte

Wachholderminiermotte

Vorkommen

Kastanie, Lärche, Thuja und andere Nadelbäume

Schädlinge

Die Raupen der Miniermotte fressen sich durch das Innere der Blätter und hinterlassen Fraßgänge, die Minen, die man im Gegenlicht gut erkennen kann. Die Spitzen der Triebe werden im Frühjahr braun. Bei Frostschäden sind die Minen nicht zu sehen. Mitte Juni und Mitte Juli schlüpfen die Motten und legen ihre Eier an den Triebspitzen bzw. zwischen den Blattschuppen ab.

Pflanzenschädlinge und -krankheiten

Kastanienminiermotte

Schadbild der Kastanienminiermotte

Maßnahmen
- Befallene Triebe bis in das gesunde Holz zurückschneiden. Die Blätter können kompostiert werden, müssen aber mit mindestens 10 cm Erde abgedeckt sein.
- Insektizide: Dimethoat. Bei Thuja stark befallene Pflanzen Ende Juni und Ende Juli nach den Eiablagen behandeln, Lärchen Ende August und September. Gegen die Raupen der Kastanienminiermotte gibt es bislang kein wirksames Mittel.

Monilia Fruchtfäule

Vorkommen
Kernobst, Steinobst

Schadbild
An den reifenden Früchten entstehen durch den Pilz braune Faulstellen, die schnell größer werden. Später bilden sich auf der Oberfläche helle Pusteln in konzentrischen Kreisen. Die Früchte fallen ab oder bleiben als Fruchtmumien in den Bäumen hängen.

Maßnahmen
- Infiziertes Fallobst und Fruchtmumien entfernen.
- Obstmaden bekämpfen, da die Infektion oft über Wunden an den Früchten erfolgt.

- Vorbeugend mit Pflanzenstärkungsmitteln behandeln.
- Behandeln mit Fungiziden (vorbeugend!): Bitertanol, Fenhexamid.
- Wenn Schadsymptome bereits aufgetreten sind, ist die Behandlung nicht mehr möglich, weil die Infektion schon Wochen vorher erfolgte.

Monilia Spitzendürre

Vorkommen
Kirsche, Mandel

Schadbild
Nach der Blüte verwelken zunächst die Blütenbüschel und anschließend die ganzen Triebspitzen. Nach wenigen Tagen werden sie dürr, bleiben aber an den Zweigen hängen. Die Pilzinfektion erfolgt – besonders bei feuchter Witterung – über die Blüten.

Maßnahmen
- Infizierte Teile bei allen Bäumen bis ins gesunde Holz zurückschneiden und vernichten.
- Keine Fruchtmumien hängen lassen.

Monilia Spitzendürre

- ▶ Vorbeugend mit Pflanzenstärkungsmitteln behandeln.
- ▶ Behandlung mit Fungiziden: Bitertanol, Fenhexamid.
- ▶ Wenn Schadsymptome aufgetreten sind, ist die Behandlung nicht mehr möglich, weil die Infektion schon Wochen vorher erfolgte.

Moos

Vorkommen und Eigenschaften
Raubt dem Rasen Licht und Nährstoffe; gedeiht besonders gut im Schatten und auf leicht sauren Böden.

Maßnahmen
- Rasen regelmäßig vertikutiern.
- Mit Kalk düngen.
- Herbizide: Eisen-II-sulfat und Eisen-III-sulfat.
- Gepflasterte Wege, Garageneinfahrten und Terrassen gehören nicht zu den „gärtnerisch bewirtschafteten Flächen". Die Anwendung von Herbiziden ist dort nicht erlaubt!

Mosaikkrankheit

Vorkommen
Tomate, Gurke, Zucchini, Apfel, Birne, Quitte, Zierpflanzen

Schadbild
Unnatürlich hellgrüne, gelbliche oder weiße Flecken oder Bandmuster auf den Blättern. Die Symptome erfassen von Jahr zu Jahr mehr Blätter der Pflanze. Allgemeine Schwächung der Gewächse ist die Folge. Viruserkrankungen werden durch Pfropfen und infizierte Schnittwerkzeuge übertragen, häufig auch durch Blattläuse. Manche Zierpflanzen werden allerdings mit durch Tabakmosaik-Viren panaschierten Blättern gezüchtet.

Maßnahmen
- Infizierte Pflanzenteile entfernen und vernichten, nicht kompostieren.
- Arbeitsgeräte desinfizieren.
- Blattläuse im Garten bekämpfen.
- Chemische Bekämpfung von Viruserkrankungen an Pflanzen ist nicht möglich.

Nematoden

Schädlinge
Die Nematoden, auch Älchen oder Fadenwürmer genannt, sind bis 2 mm lange, sehr dünne wurmähnliche Tiere. Meist fressen sie die Wurzeln der Pflanzen ab, manchmal auch Stängel und Blätter. Sie bevorzugen feuchte Böden.

Einige Nematoden-Arten – „Parasitäre Nematoden" – werden zur Bekämpfung von Raupen und Käferlarven gezielt eingesetzt.

Maßnahmen
- Pflanzen, wie z.B. Tagetes vertreiben die Nematoden durch ihren Geruch.
- Rosen nicht dorthin pflanzen, wo vorher auch schon Rosen standen.
- Chemische Bekämpfung von Nematoden ist nicht möglich.

Pflaumenwickler

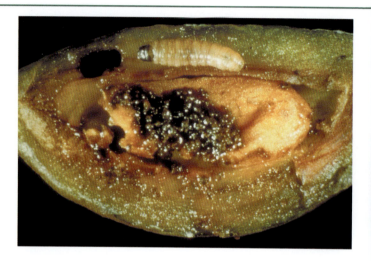

Vorkommen
Pflaume

Schädlinge
Im Inneren der Früchte findet man orangegelbe Maden und Kotkrümel. Die Larven überwintern im Kokon an den Baumstämmen.

Maßnahmen
- Biotechnische Methoden: Obstmaden- bzw. Pflaumenmadenfallen mit Pheromonen als Lockstoff ab Mitte Mai in die Bäume hängen. Ende Juni/Anfang Juli die Lockstoffkapsel auswechseln.
- Im August Fanggürtel aus Wellpappe um die Stämme binden. Diese Ende September mitsamt den Kokons entfernen.

Quecke

Vorkommen und Eigenschaften
Besonders auf nährstoffreichen, schweren Böden. Ährengras mit weitkriechenden unterirdischen Ausläufern. Wurzelunkraut.

Maßnahmen
- Mulchen.
- Nicht umgraben oder hacken, weil durch die Teilung der Rhizome die Ausbreitung der Quecke gefördert wird.
- Herbizide: Glyphosat.
- Gepflasterte Wege, Garageneinfahrten und Terrassen gehören nicht zu den „gärtnerisch bewirtschafteten Flächen". Die Anwendung von Herbiziden ist dort nicht erlaubt!

Rhododendronzikade

Vorkommen
Rhododendron

Schädlinge
Die Rhododendronzikaden übertragen einen Pilz, der die Knospenbräune verursacht. Die Knospen der Rhododendren bleiben geschlossen, vertrocknen, fallen aber nicht ab. Die weißen Larven der Zikade erscheinen ab Ende April auf der Unterseite der Blätter. Die erwachsenen Tiere sind etwa 1 cm lang, grün und haben auf den Vorderflügeln zwei rote Streifen.

Maßnahmen
▶ Insektizide: Neem, Pyrethrum.

Rosentriebbohrer

Vorkommen
Rose

Schädlinge
Im April/Mai legt der Abwärtssteigende Rosentriebbohrer seine Eier in die weichen Triebspitzen der Rosen, und der Aufwärtssteigende Rosentriebbohrer legt sie in die Basis der Blattstiele. Die Larven fressen sich – je nach Art – nach unten bzw. oben einige Zentimeter in die Stängel ein. Plötzlich welken die Rosentriebe. Ende Juni/Anfang Juli verlassen die Larven den Trieb und kriechen zum Überwintern in den Boden.

Maßnahmen
▶ Befallene Triebe sofort aus dem Garten entfernen.
▶ Insektizide: Dimethoat. Bei regelmäßig auftretendem Befall Ende April, Mitte Mai und Anfang Juni anwenden.

Rosenzikade

Vorkommen
Rose

Schädlinge
Die Blätter sind auf der Oberseite hell gesprenkelt. An der Blattunterseite sitzen grünlichweiße Insekten, die bei Störungen weit wegspringen.

Die Eier der Rosenzikaden sind in der Rinde der Pflanzen abgelegt, häufig aber auch in Mauerritzen; daher sind oft Kletterrosen von den Zikaden befallen. Ab Mitte Mai schlüpfen die Larven aus den Eiern

Maßnahmen
- Die Rosen nicht an zu trockene und zu heiße Standorte pflanzen.
- Anwendung von Brennnesselbrühe. In den frühen Morgenstunden spritzen, wenn die Tiere noch träge sind und nicht sofort weghüpfen.
- Insektizide: **Imidacloprid.** Systemische Anwendung bevorzugen, weil das Spray nicht bei blühenden Pflanzen angewendet werden darf.

Rostpilze

Birnengitterrost

Rosenrost

Vorkommen

Rose, Malve, Birne, Johannisbeere, Bohne

Schadbild

Auf der Blattunterseite stecknadelkopfgroße gelbe bis orangefarbige Flecken, die sich im Herbst dunkel färben. Auf der Blattoberseite winzige gelbe bis rötliche Flecken. Tritt bei feuchtem Wetter auf.

Maßnahmen

- Vor dem Knospenaustrieb befallene Triebe zurückschneiden. Abgefallene Blätter entfernen.
- Pflanzen nur unten gießen, die Blätter sollen möglichst trocken bleiben.
- Kalibetont düngen.
- Vorbeugend mit Pflanzenstärkungsmitteln behandeln.
- Pflanzen, auf denen die Pilzsporen überwintern (Zwischenwirte), aus dem Garten entfernen. Zwischenwirte für Birnengitterrost sind verschiedene Wacholderarten: J. chinensis, J. sabina, J. virginiana, nicht J. communis. Zwischenwirte für Johannisbeer-Säulenrost sind die Weymouths- und die Zirbelkiefer.
- Behandlung mit Fungiziden: Bitertanol, Metiram.
- Gegen Birnengitterrost und Johannisbeer-Säulenrost ist zur Zeit kein Pflanzenschutzmittel zugelassen.

Rußtau

Vorkommen
Oleander, Ficus, Apfel

Schadbild
Auf den Blättern ist ein schwarzer Belag, der sich abwaschen lässt. Die Pflanze sieht aus, als sei sie schmutzig. Die Pflanze hat Läuse (Blatt-, Woll-, oder Schildläuse), die eine zuckerhaltige Flüssigkeit abscheiden, den Honigtau. Dieser Honigtau ist das Substrat, auf dem der Rußtaupilz wächst.

Maßnahmen
- Blätter bzw. Früchte abwaschen.
- Läuse bekämpfen.

Schachtelhalm

Fertile Triebe des Acker-Schachtelhalms

Sterile Triebe des Acker-Schachtelhalms

Vorkommen und Eigenschaften
Tiefe, reich verzweigte Ausläufer, wächst auf lockeren Lehm- und Sandböden. Zeigerpflanze für Staunässe.

Maßnahmen
- Staunässe durch Dränage beseitigen.
- Regelmäßiges Ausreißen hat nur kurzzeitigen Erfolg, weil die Rhizome z.T. bis zu 2 m tief in der Erde liegen.
- Herbizide: Glufosinat-ammonium. Mehrfach behandeln.
- Gepflasterte Wege, Garageneinfahrten und Terrassen gehören nicht zu den „gärtnerisch bewirtschafteten Flächen". Die Anwendung von Herbiziden ist dort nicht erlaubt!

Scharkakrankheit (Pockenkrankheit)

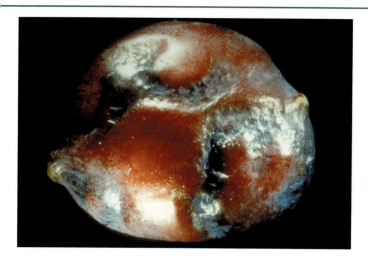

Vorkommen
Pflaume, Zwetschge, Aprikose

Schadbild
Ab Juni auf den Blättern helle Flecken oder Ringe durch Virusinfektion. An den Früchten ab Mitte Juli pockenartige Dellen; darunter verfärbt sich das Fruchtfleisch dunkel. Die Früchte reifen vorzeitig, fallen ab und schmecken bitter. Die Scharkakrankheit wird durch Pfropfen, infiziertes Werkzeug oder Blattläuse übertragen.
Die Krankheit ist beim zuständigen Pflanzenschutzdienst meldepflichtig!

Maßnahmen
- Bei Neupflanzung und Veredelung nur gesunde Pflanzen verwenden. Infizierte Pflanzen vernichten.
- Blattläuse bekämpfen.
- Chemische Bekämpfung der Scharkakrankheit ist nicht möglich.

Schildlaus

Vorkommen
Kübelpflanzen (Citrus, Oleander, Ficus, Palme)

Schädlinge
Auf der Unterseite der Blätter sind kleine Erhebungen, die Blätter werden schwarz. Unter den Blättern sitzen Schildläuse. Sie sondern Honigtau ab, auf dem Rußtaupilz wächst.

Maßnahmen
- Schildläuse absammeln oder abwaschen.
- Insektizide: Dimethoat und Imidacloprid. Kaliseife, Paraffinöl oder Rapsöl zum Sprühen.

Schnecken

Schädlinge
Vor allem nachts und bei feuchter Witterung fressen die Nacktschnecken manche Pflanzen bis auf die Blattrippen kahl, wobei sie eine schleimige Spur hinterlassen. Besonders verlockend sind für sie Tagetes, Rittersporn, Salat und Erdbeeren. Die Schnecken legen ihre Eier in kleinen Erdhöhlen ab. In sehr kalten Wintern überleben nur die Eier, in milden Wintern die Schnecken aller Altersgruppen.

Maßnahmen
- Schneckenzäune.
- Lebensraum für Igel, Kröten, Spitzmäuse und Maulwürfe erhalten.
- Die Beete mit Pflanzen umgeben, die bei Schnecken nicht beliebt sind (Farne, Kapuzinerkresse, Senf).

- Pflanzen nur morgens gießen.
- Sand, Sägemehl oder Tannennadeln um die Beete streuen (hilft allerdings nur bei trockener Witterung).
- Schnecken absammeln.
- Feuchte Tücher, halbierte rohe Kartoffeln oder Bretter auslegen und morgens die Tiere darunter entfernen.
- Bierfallen: Becher bis an den Rand in die Erde eingegraben und zur Hälfte mit Bier füllen; vom Duft angelockt stürzen sich die Schnecken in das Bier und ertrinken.
- Molluskizide: Eisen-III-phosphat, Metaldehyd, Methiocarb.

Schorf

Vorkommen
Apfel, Birne

Schadbild
Durch Pilzbefall schwärzliche Flecken auf den Blättern, später auch auf den Früchten. Tritt besonders in feuchten Jahren auf.

Maßnahmen
- Robuste Sorten anpflanzen.
- Infiziertes Laub entfernen.
- Bäume auslichten.
- Vorbeugend mit Pflanzenstärkungsmitteln behandeln.
- Behandlung mit Fungiziden: Bitertanol, Propineb, Schwefel.

Schrotschusskrankheit

Vorkommen
Kirsche

Schadbild
Kurz nach dem Austrieb sind auf den Blättern einige Millimeter große rötliche Flecken sichtbar. Später fällt das kranke Gewebe heraus und Blätter sehen aus wie zerschossen. Das Laub der infizierten Bäume fällt schon im Hochsommer ab. Die Pilzsporen überwintern in Ritzen der Zweige und werden von dort durch den Regen verbreitet. Die Infektion der jungen Blätter erfolgt schon vor der Blüte.

Maßnahmen
▶ Befallene Triebe bis ins gesunde Holz zurückschneiden.
▶ Vorbeugend mit Pflanzenstärkungsmitteln behandeln.
▶ Behandlung mit Fungiziden: Propineb.

Sitkafichtenlaus

Vorkommen
Fichte, Tanne, Douglasie

Schädlinge
Die inneren Nadeln der Fichten werden braun und fallen im Mai/Juni ab. Ursache sind 1 bis 2 mm große grüne Läuse mit roten Augen. Sie lassen sich gut erkennen, wenn man sie von den Fichtenzweigen auf ein weißes Blatt Papier abklopft.

Maßnahmen
▶ Insektizide: Dimethoat, Kaliseife, Oxydemeton-methyl, Pyrethrum, Rapsöl. Behandelt werden die Bäume bis zu einer Höhe von drei bis vier Metern, da sich die Läuse weiter oben nicht ansiedeln.

Spinnmilbe

Vorkommen

Rose, Zimmerpflanzen in trockenen warmen Räumen, Wein, Balkonpflanzen

Schädlinge

Auf den Blättern sind kleine helle Pünktchen zu sehen, die Saugstellen der Milben. Bei starkem Befall überzieht ein Gespinst die Blätter. Die Blätter vertrocknen und fallen ab.

Maßnahmen

- Da die Spinnmilben warmes trockenes Klima bevorzugen, hilft es, wenn man die Pflanze ab und zu mit Wasser besprüht und evtl. einige Zeit mit einer Plastikfolie abdeckt.
- Im Freiland ausreichend gießen.
- Kalibetont düngen.
- Abgefallene Blätter und Unkraut beseitigen.
- Vor dem Austrieb mit Mitteln auf Basis von Paraffinöl oder Rapsöl spritzen.
- Biologische Bekämpfung mit Raubmilben.
- Akarizide: Dimethoat, Lecithin, Methiocarb.

Sprühfleckenkrankheit

Vorkommen
Kirsche, Aprikose, Zwetschge

Schadbild
Auf den Blättern sind ab Ende Mai violette Flecken zu sehen. Die Blätter vergilben und fallen ab. Auf diesen Blättern überwintern die Pilzsporen und werden im folgenden Frühjahr durch den Wind auf die jungen Blätter gebracht. Die Krankheit wird durch feuchtwarme Witterung begünstigt. Bei mehrjährigem Befall wird die Pflanze stark geschwächt.

Maßnahmen
- Abgefallenes Laub entfernen, auf keinen Fall kompostieren.
- Vorbeugend mit Pflanzenstärkungsmitteln behandeln.
- Behandlung mit Fungiziden: Propineb.

Sternrußtau

Vorkommen
Rose

Schadbild
Ab Mai erscheinen auf den Blättern sternförmige dunkle Flecken. Die Blätter werden gelb und fallen bei der kleinsten Berührung ab. Der Pilz überwintert am Holz und abgefallenem Laub. Sternrußtau tritt besonders bei feucht – kalter Witterung auf und bei falsch (zu wenig oder auch zu viel) gedüngten Rosen.

Maßnahmen
- Unbedingt abgefallene Blätter entfernen.
- Rosen nicht zu dicht pflanzen.
- Vorbeugend mit Pflanzenstärkungsmitteln behandeln.
- Behandlung mit Fungiziden: Bitertanol (wenn die Rosen infiziert waren, im kommenden Frühjahr sofort zu Beginn des Austriebs mit dem Spritzen beginnen), Schwefel.

Taschenkrankheit (Narrenkrankheit)

Vorkommen
Pflaume

Schadbild
Die Früchte bleiben flach, sind unnatürlich gekrümmt und mit weißem Pilzrasen bedeckt.

Maßnahmen
- Vorbeugend mit Pflanzenstärkungsmitteln behandeln.
- Behandlung mit Fungiziden: Zur Zeit ist kein Mittel zugelassen.

Thrips (Blasenfuß)

Vorkommen
Gladiole, Zimmerpflanzen (Ficus, Efeuaralie, Palme)

Schädlinge
Auf den Blättern entstehen helle Streifen oder Sprenkel. Verursacht werden sie durch die Saugtätigkeit von Thripsen, winzigen dunkelbraunen Tieren an der Blattbasis oder an den Knospen. Die Larven sind hell. Außerdem findet man auf den Blättern winzige schwarze Kotkrümel. Thripse treten häufig bei heißem, trockenen Wetter auf.

Maßnahmen
- Bei Zimmerpflanzen mit feuchtem Tuch abwischen.
- Insektizidfreie Klebefallen: Aeroxon Blaue Insekten-Leimtafeln.
- Biologisch bekämpfen mit Florfliegenlarven.
- Insektizide: Dimethoat, Imidacloprid, Neem, Pyrethrum.

Wegerich

Vorkommen und Eigenschaften
Der Große Wegerich ist verbreitet auf Rasen mit verdichteten Böden, Wegen und Weiden. Er verbraucht viel Stickstoff.

Maßnahmen
- Boden lockern, hacken.
- Herbizide: Dicamba, 2,4-D, MCPA.
- Gepflasterte Wege, Garageneinfahrten und Terrassen gehören nicht zu den „gärtnerisch bewirtschafteten Flächen". Die Anwendung von Herbiziden ist dort nicht erlaubt!

Weiße Fliege (Motten-Schildlaus)

Vorkommen

Tomate, Balkonpflanzen (Fuchsien), Weihnachtsstern, Hibiskus

Schädlinge

1,5 mm lange weiße Fliegen – meist saugend an der Blattunterseite –, die bei Berührung der Pflanze auffliegen. Die Blätter verfärben sich, werden gelb. Sie sind mit klebrigem Honigtau überzogen, auf dem sich Rußtaupilze ansiedeln.

Maßnahmen

- Nicht zuviel Stickstoffdünger anwenden.
- Biotechnisch: Gelbsticker in die Pflanzen hängen. Die Insekten werden von der gelben Farbe angelockt und bleiben an den Tafeln oder Stickern kleben.
- Biologisch: Einsatz von Schlupfwespen.
- Insektizide: Dimethoat, Imidacloprid, Kaliseife, Neem, Rapsöl.

Woll- und Schmierlaus

Vorkommen
Zimmerpflanzen, Kaktus

Schädlinge
An den Pflanzen sitzen Läuse, die von weißen Wachswollgespinsten umgeben sind.

Maßnahmen
- Da sich die Wollläuse schnell vermehren, unbedingt gesunde von befallenen Pflanzen trennen!
- Biologisch: Einsatz von Australischen Marienkäfern.
- Insektizide: Imidacloprid, Paraffinöl, Rapsöl.

Wühlmaus (Schermaus, Erdratte)

Schädlinge
Die Wühlmäuse legen in Gärten ein ausgedehntes System von Gängen mit mehreren Schlupflöchern an. Diese Ausgänge werden nach Gebrauch immer wieder verschlossen. Sie fressen Wurzeln und Blumenzwiebeln. Manchmal kommt es vor, dass dabei vor den Augen entsetzter Gartenbesitzer ganze blühende Tulpen in die Erde gezogen werden und verschwinden.

Maßnahmen
- Katzen und Hunde (besonders Terrier) jagen auch Wühlmäuse.
- Die Gänge der Wühlmäuse müssen an einigen Stellen geöffnet werden. Man findet sie leicht, indem man mit einem

dünnen Stab in der Erde stochert. Dort werden dann Fallen aufgestellt oder Wühlmausköder mit Rodentizid ausgelegt. Da die Wühlmäuse ihre beschädigten Gänge umgehend reparieren, treffen sie schnell auf die Fallen oder das Ködermittel.

- Rodentizid: Zinkphosphid.
- Wühlmäuse müssen großflächig bekämpft oder vertrieben werden.

Vorrats-, Hygiene- und Material- schädlinge

Ameisen

Pharaoameise, Rasenameise, Waldameise, Wegameise

Pharaoameise

Schädlinge

Gelegentlich werden die aus den Tropen stammenden nur 2 mm kleinen hellbraunen Pharaoameisen eingeschleppt. Diese fressen eiweißhaltige Nahrung aller Art, auch von gebrauchtem Verbandmaterial u. Ä., und sind gefährliche Krankheitsüberträger. Sie leben bei uns nur in Häusern, weil sie Temperaturen unter 20 °C schlecht vertragen. Dort tauchen sie aber auch im Winter auf, während die einheimischen Ameisen dann nicht aktiv sind. Die Bekämpfung der Pharaoameisen ist kompliziert und langwierig und sollte professionellen Schädlingsbekämpfern überlassen werden. Der Versuch, die Pharaoameisen mit Insektizid-Spray zu bekämpfen sollte besser un-

Wegameise

terbleiben, weil diese Ameisen mit ihrem Staat innerhalb kürzester Zeit (ca. ½ h) umziehen können und sich so noch mehr in den befallenen Häusern verteilen.

Die Rasenameise und die Wegameise haben ihre Nester in Gärten an sonnigen Stellen unter Steinen und Platten, an Wegrändern und in Mauerspalten. Sie dürfen vertrieben oder bekämpft werden, wenn sie Terrassen und Gehwege unterwühlen oder auf der Suche nach zuckerhaltigen Nahrungsmitteln durch die Wohnung marschieren. Für die Ameisen ist der süße Honigtau, den die Blattläuse absondern, eine Delikatesse. Deshalb pflegen die Ameisen hingebungsvoll die Blattläuse und halten sie gewissermaßen als Haustiere. Bei der Bekämpfung von Blattläusen ist es oft auch sinnvoll, die Ameisen von den Pflanzen fernzuhalten.

Die Rote Waldameise ist geschützt und darf nicht bekämpft werden.

Maßnahmen

- In Wohnungen werden die Ameisen von Zucker, süßen Lebensmitteln und Getränken sowie von Fleisch angelockt. Deshalb Krümel, verschüttete Getränke etc. nicht liegen lassen, sondern aufwischen.
- Repellentien: „Ameisen-Frei", „Ameisen-Stopp". Ameisen sollen die Gerüche bestimmter ätherischer Öle meiden (Citrus, Lavendel), weswegen oft empfohlen wird zur Abschreckung der Ameisen Lavendelbüsche zu pflanzen. Die Ameisen ignorieren das aber meistens.
- Insektizide: Ameisen können natürlich mit jedem Insektizid bekämpft werden. Sinnvoll sind im und am Haus aber Köderdosen, weil durch Kontaktinsektizide nur die gerade anwesenden Ameisen getroffen werden, während der Köder in den Bau getragen wird und auch die dortigen Ameisen, die Larven und die Königin mit dem Insektizid gefüttert werden. Während ihres Hochzeitsfluges fressen Ameisen allerdings nichts. Somit ist Giftköder während dieser Tage nicht wirksam. Das Insektizid ist in den Köderdosen für andere Tiere unerreichbar und Fraßköder geben keine giftigen Dämpfe an die Raumluft ab.
  - Köderdosen und Freßlack: Fipronil, Phoxim, Trichlorfon, Borax.
  - Granulate zum Streuen und Gießen: Chlorpyriphos.
  - Sprühmittel ohne Köder: Propoxur, Pyrethrum, Tetramethrin.

Fliegen

Essigfliege, Fleischfliege, Schmeißfliege, Stubenfliege

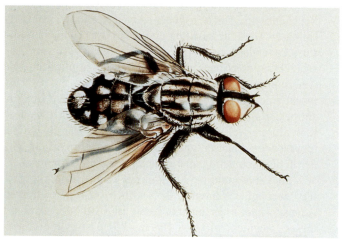

Graue Fleischfliege

Schädlinge
Da die Fliegen ihre Brutstätten in Abfall, Dung und Kot haben, andererseits aber auch auf Lebensmittel fliegen, sind sie Überträger vieler Krankheitskeime. Außerdem stören sie durch ihr hektisches Verhalten.

Maßnahmen
- Keine Abfälle und Lebensmittelreste offen liegen lassen.
- Fliegengitter vor den Fenstern anbringen.
- Repellentien: ätherische Öle (Nelke, Citrus, Zedernholz, Eukalyptus etc.).

- Gegen Fliegenmaden in der Biotonne: „Biotonnenpulver" (mineralische Bestandteile und ätherische Öle) vertreiben die Fliegen, trocknen Maden aus, kaschieren üble Gerüche.
- Klebefallen ohne Insektizid: Klebespiralen mit und ohne Lockstoff (Fliegenfänger), Essig- und Fruchtfliegenfalle (Gelbtafeln mit Lockköder).
- Klebefallen mit Insektizid: Azamethiphos, Methomyl. Die Fliegen werden durch Köder oder Pheromone angelockt und fressen bis sie verenden. Es wird kein Wirkstoff an die Raumluft abgegeben.
- Insektizide als Spray: Pyrethrum, Cyfluthrin, Tetramethrin.
- Insektizide in Strips und Verdampfern: Dichlorphos, Transfluthrin. Für Räume, in denen sich Kleinkinder, Kranke und ältere Menschen aufhalten, nicht zu empfehlen.

Flöhe

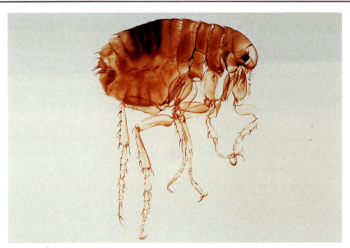

Menschenfloh

Schädlinge
Ob Katzen-, Hunde- oder Menschenfloh, alle können auch auf den Menschen übertragen werden. Flohstiche bei Menschen befinden sich oft in Reihen an bedeckten Körperstellen. Sie jucken meist erst nach 2 bis 3 Tagen, wenn der Floh schon wieder weg ist. Eier, Larven und Puppen des Flohs halten sich gut in Ritzen, Teppichböden und Polstern. Flöhe können fast alle Krankheitserreger übertragen.

Maßnahmen
▶ Ritzen, Teppiche und Liegeplätze von Hunden und Katzen regelmäßig säubern und absaugen.

- Keine Vogelnester in Rollladenkästen dulden.
- Mäuse und Ratten bekämpfen.
- Behandeln der Haustiere und der Umgebung mit Insektiziden: Cyfluthrin, Methoprene, Propoxur, Pyriproxifen. Die Eier der Flöhe werden von den Insektiziden meist nicht abgetötet.
- Flohschutzbänder für Hunde und Katzen (Propoxur).
- Zum Abtöten von Floheiern ist auch Spray mit Paraffinöl geeignet.

Holzschädlinge

Hausbock, Holzwurm, Parkettkäfer, Trotzkopf

Trotzkopf

Schädlinge

Als „Holzwurm" werden die Larven der Nagekäfer (Anobium punctatum u. a.) bezeichnet. Die erwachsenen Käfer haben eine relativ kurze Lebensdauer von Mai bis August. Während dieser Zeit legen sie ihre Eier in Ritzen, Spalten und kleine Löcher von Holzgegenständen. Die Entwicklung der Larven im Holz dauert bis zu 3 Jahren. Zu erkennen ist der Befall durch Holzwürmer an den Fluglöchern im Holz, durch welche die erwachsenen Käfer den Lebensraum der Larven verlassen, und an kleinen Häufchen von Bohrmehl. Der Parkettkäfer (Lyctus linearis) hinterlässt allerdings nur Löcher im Holz. Die Käfer einiger Holzwurm-Arten klopfen, wenn sie Partner auf sich aufmerksam machen und anlocken wollen, mit ihrem Brustpanzer auf Holz. Diese Geräusche kann man in stillen Häusern durchaus hören, weshalb diese Käfer auch „Klopfkäfer" oder „Totenuhr" genannt werden.

Die Larven verlassen ihren Fraßort nicht, so dass im allgemeinen für die Nachbarmöbel keine Gefahr besteht solange die Holzwürmer sich noch nicht in Käfer verwandelt haben. Holzwürmer brauchen eine gewisse Luftfeuchtigkeit, kommen daher in gut beheizten Wohnungen nur noch selten vor. Gelegentlich werden sie mit dem Kaminholz in die Wohnungen gebracht.

Der Hausbockkäfer (Hylotrupes bajulus) ist ein Nadelholzschädling, der z.B. Leitungsmasten und Balken von Dachstühlen befällt. Die Entwicklung der Larven im Holz dauert bis zu 10 Jahren, so dass die Balken, wenn die Fluglöcher der Käfer endlich entdeckt werden, innen schon vollkommen ausgehöhlt sein können. Altbauten sollten daher regelmäßig kontrolliert werden. Befallene Balken klingen hohl, wenn man auf sie klopft. Die Bekämpfung des Hausbocks durch Begasung oder Wärmebehandlung muss Fachleuten überlassen werden.

Maßnahmen
▶ In Einzelfällen können Möbel oder Kunstgegenstände mit Insektiziden behandelt werden: **Permethrin**.

Käfer in Lebensmitteln

Brotkäfer, Kornkäfer, Mehlkäfer, Speckkäfer u.a.

Kornkäfer

Schädlinge
Brotkäfer befallen alle Arten von Trockennahrung, auch Suppenwürfel, scharfe Gewürze und Trockenfutter für Tiere.

Der Kornkäfer vermehrt sich bei Wärme besonders schnell, kann aber auch ohne Nahrung einige Monate überleben. Er ist ein gefürchteter Schädling in Getreidelagern. Wenn Getreidesilos auf Kornkäferbefall untersucht werden, wird mit Mikrophonen nach Fressgeräuschen der Larven gefahndet

Der Mehlkäfer lebt von Mehl, Getreideprodukten und auch Papier. Seine Larven sind die Mehlwürmer, die auch als Nahrung für Terrarientiere gezüchtet werden.

Käfer in Lebensmitteln 123

Mehlkäfer

Speckkäfer

Der Speckkäfer bevorzugt Speck, Schinken und Trockenwurst. In Notfällen begnügt er sich auch mit Schokolade.

Maßnahmen
- Vorräte nicht zu lange lagern und in festschließenden Behältnissen kühl und trocken aufbewahren.
- Befallene Vorräte entfernen.
- Mit Insektiziden die Umgebung behandeln: Cyfluthrin, Dichlorphos, Propoxur, Tetramethrin.

Kleidermotten und andere Textilschädlinge

Messingkäfer, Pelzkäfer, Pelzmotte, Teppichkäfer, Wollkrautblütenkäfer u.a.

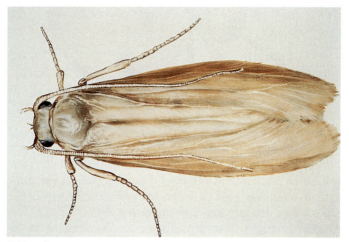

Kleidermotte

Schädlinge

Die Kleidermotten beschädigen alle Textilien, die ganz oder überwiegend aus eiweißhaltigen Naturmaterialien bestehen (Wolle, Seide, Pelz). Die Weibchen der Kleidermotte legen bis zu 200 Eier lose an den Materialien ab. Die bis zu 1 cm großen Raupen fressen Löcher in das Material und verpuppen sich in länglichen Gespinströhren. Drei bis vier Generationen pro Jahr.

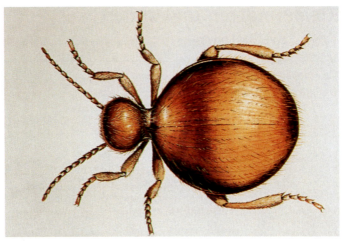
Messingkäfer

Teppichkäfer und Wollkrautblütenkäfer sehen ähnlich aus wie kleine Marienkäfer. Der etwa 4 mm lange Pelzkäfer erinnert im Aussehen eher an einen Maikäfer. Die Larven dieser Käfer haben den gleichen Geschmack wie die Larven der Motten. Oft gelangen diese Schädlinge von Vogelnestern in die Wohnräume. Die Larven des ca. 3 mm großen, langbeinigen, flugunfähigen, goldgelben Messingkäfers sind harmlos. Die erwachsenen Tiere fressen Textilien, Leder und auch Tabak.

Maßnahmen
- Textilien, die längere Zeit nicht benutzt werden sollen, nur gewaschen bzw. gereinigt verwahren.
- Kleidung ab und zu ausschütteln, Schränke aussaugen.
- Teppiche gelegentlich klopfen oder auch die Unterseite absaugen.

- Repellentien: Lavendelblüten, Zedernholz, Citrus (die Präparate heißen „Mottenschutz" oder „Mottenabwehr").
- Klebefalle mit **Pheromonen** als Lockstoff.
- Insektizide in Mottenpapier o. ä.: **Chlorpyriphos, Transfluthrin.**
- Alle Fliegen- bzw. Insektensprays: **Pyrethrum, Cyfluthrin.**

Lebensmittelmotten

Dörrobstmotte, Mehlmotte u. a.

Dörrobstmotte

Schädlinge
Lebensmittelmotten befallen vor allem folgende Lebensmittel: Getreide, Mehl, Grieß, Nudeln, Reis, Nüsse, Mandeln, Trockenfrüchte, Kakaoprodukte, Gewürze und auch Drogen in der Apotheke.

Lebensmittel, die von Motten befallen sind, erkennt man an Verklumpungen und Gespinsten. Die Motten legen ihre Eier direkt in den Nahrungsmitteln ab, so dass für die schlüpfenden Larven sofort ausreichend Nahrung vorhanden ist. Die ausgewachsenen Larven klettern mit ihren 16 Beinen auch an sehr glatten Wänden empor, um sich in Ecken, hinter Schränken oder Bilderrahmen usw. zu verpuppen.

In Massen treten sie auf, wenn es warm und feucht ist und ausreichende Mengen an Nahrungsmitteln, wie Brotreste und Krümel, offen herumliegen.

Meistens handelt es sich bei Motten, die in den Sommermonaten gelegentlich in den Küchen auftauchen, um die Dörrobstmotte. Ihre Larven (Raupen), sind meist gelblich mit braunem Kopf. Die Weibchen legen bis zu 600 Eier pro Jahr. Ähnliche Schäden richten die auch im Aussehen ähnlichen Kornmotten, die Mehlmotte, und die Kakaomotte an.

Maßnahmen
- Vorräte in fest schließenden Behältern aufbewahren. Brotreste und Krümel rasch beseitigen, Brotbehälter regelmäßig und gründlich reinigen.
- Befallene Lebensmittel sofort beseitigen.
- Einsatz von Pheromonfallen.
- Bei starkem Befall Insektizide: Alle Fliegen- und Insektensprays mit Pyrethrum. Die Eier der Motten werden durch diese Sprays allerdings nicht abgetötet.

Mäuse

Hausmaus

Schädlinge

Die Hausmaus bevorzugt als Lebensraum trockene Gebäude, kann sich aber auch niedrigen Temperaturen z. B. in Kühlräumen anpassen. Sie kommt längere Zeit ohne Wasser aus und kann sehr gut klettern. Mäuse sind unbefangen und neugierig. Sie laufen kreuz und quer durch die Räume und knappern an allem, was sie finden, wodurch sie große Schäden an Vorräten aber auch an Materialien (Holz, Leder, Elektroleitungen) anrichten. Köder für Mäuse – sie bevorzugen Körner oder Knabberriegel- sollen in vielen kleinen Portionen (ca 20 g alle 2 Meter) ausgelegt werden. Köder mit Antikoagulantien wirken nicht sofort, sondern erst nach einigen Tagen.

Maßnahmen
- Mausefallen aufstellen
- Nicht ganzjährig Vögel füttern. Das Futter lockt die Mäuse an.
- Rodentizide: Brodifenacoum, Bromadialon, Difenacoum, Difethialon, Flocoumafen, Cholecalciferol.

Milben an Nahrungsmitteln

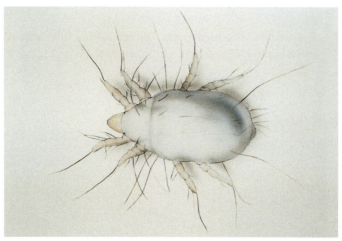

Mehlmilbe

Schädlinge

Milben sind winzig kleine, meist nur mit der Lupe zu erkennende Spinnentierchen. Sie spielen im Naturhaushalt beim Vermodern toter Lebewesen und Pflanzen eine wichtige Rolle. Im Haus und in Lebensmitteln können sie bzw. ihre Stoffwechselprodukte schwere Allergien auslösen.

Milben an Nahrungsmitteln finden sich in Mehl, Backwaren, Trockenfrüchten, Gewürzen, Fertigsuppen, Tierfutter, Trockenfleisch. Nahrung, die von Milben befallen ist, erkennt man oft an einem hellen – unter der Lupe lebhaftem – Belag (z.B. auf Käse, Bündner Fleisch oder Hauswürsten). Vor dem Verzehr diese Lebensmittel mit einem trockenen Tuch abreiben oder die Schale entfernen.

Mehlmilben arbeiten sich im Mehl immer nach oben. Bleibt die Oberfläche ½ h glatt, ist es milbenfrei.

Maßnahmen
- ▶ Lebensmittel kühl und trocken aufbewahren.
- ▶ Befallene Lebensmittel, die sich nicht schälen oder abwischen lassen, entfernen.

Milben an Gras

Grasmilbe

Schädlinge

Grasmilben (auch Ernte- oder Heumilben) sitzen an den Blütenschuppen der Gräser und warten auf einen Blutspender. Ihre Stiche jucken sehr stark. Gelegentlich klettern sie an den Hauswänden hoch und gelangen durch die Fenster in die Räume.

Maßnahmen
- Regelmäßig den Rasen mähen (bevor das Gras blüht).
- Lange Hosen tragen.
- Repellentien benutzen.
- Betten nicht zum Lüften auf das Fensterbrett legen.
- Akarizide: Neem (auf den Rasen sprühen); Chlorpyriphos, Dichlorphos, Propoxur, Tetramethrin („Barrieren" vor Fenster und Türen sprühen).

Milben im Hausstaub

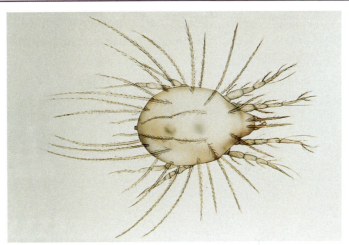

Hausstaubmilbe

Schädlinge
Die Hausstaubmilben leben in Polstern, Teppichen und Matratzen und ernähren sich von Hautschuppen. Ihre Stoffwechselprodukte können schwere Allergien auslösen.

Maßnahmen
- Möglichst viele „Staubfänger" aus der Wohnung entfernen.
- Richtig lüften.
- Hitze, Kälte, Trockenheit und UV-Strahlung töten die Hausstaubmilben ab.
- Die Luftfeuchtigkeit sollte weniger als 50 % betragen.

- Häufig Staub saugen.
- Stofftiere regelmäßig waschen oder einfrieren.
- Matratzen mit Acarosan Feuchtpulver oder -Schaum behandeln.
- Akarizide: Neem, Pyrethrum mit quartären Ammoniumverbindungen.

Ratten

Wanderratte

Schädlinge

Die Hausratte hat ein dunkelbraunes oder schwarzes Fell, wird mit Schwanz ca. 40 cm lang, erreicht ein Gewicht von etwa 300 g und ist schlanker und zierlicher als die Wanderratte. Sie lebt gerne in Häusern und Ställen, kann gut klettern und gelangt auch auf Dachböden. In Westdeutschland ist sie sehr selten geworden.

Die Wanderratte wiegt ca. 500 g, hat ein grau-braunes Fell und kleine Augen und Ohren. Sie lebt in Rudeln mit bis zu 100 Tieren und hält sich gern in feuchten Bereichen – an Flussufern und in Kanälen – auf. Sie kann sehr gut schwimmen und tauchen. Sie findet reichlich Nahrung an Müllplätzen, in Abwasserkanälen und in den Städten, wo Lebensmittelabfälle überall reichlich zu finden sind.

Ratten sind vorsichtige Tiere. Sie benutzen Laufwege an Mauern oder im Schatten und meiden offene Flächen. Unbekanntes Futter wird von einer Ratte gekostet, und wenn diese es vertragen hat, akzeptieren auch die anderen Ratten des Rudels das Futter. Rodentizide mit Sofortwirkung sind daher für Ratten nicht geeignet. Rodentizide mit Antikoagulantien wirken erst nach einigen Tagen und die Tiere sterben scheinbar eines natürlichen Todes. Es ist wichtig die Rodentizide ausreichend hoch zu dosieren, da die Ratten sehr gut Resistenzen gegen die Wirkstoffe entwickeln können.

Maßnahmen
- Keine Lebensmittelabfälle offen liegen lassen, kein Tierfutter im Freien aufbewahren.
- Müllbehälter immer gut verschließen.
- Keine gekochten Speisereste und tierische Abfälle auf den Komposthaufen geben.
- Speisereste nicht durch die Toilette entsorgen, Toilettendeckel schließen!
- Einsatz von Rodentiziden in Ködern und als Kontaktgift: **Bromadialon, Brodifenacoum, Coumatetralyl, Difenacoum, Difethialon, Flocoumafen, Warfarin, Cholecalciferol.**

Bei der Bekämpfung von Ratten ist Folgendes zu beachten
- Ratten leben in Rudeln mit einer Reviergröße von etwa 2 km². Es ist also sinnvoll, sich mit der Nachbarschaft abzusprechen, wenn die Ratten nachhaltig bekämpft werden sollen.
- Ratten fressen sich an Ort und Stelle satt. Rattengift muss daher in großen Portionen (bis zu 200 g alle 20 Meter) in der Nähe der Laufwege ausgelegt werden.

- Köder so lange nachlegen, bis nichts mehr davon gefressen wird. Das kann bei großen Rudeln bis zu 3 Wochen dauern.
- Köder werden von den Tieren am besten angenommen, wenn keine anderen Futterquellen vorhanden sind.
- **Das Rattengift in Köderdosen, Röhren, unter Brettern o.ä. so versteckt auslegen, dass weder Vögel noch andere Tiere und erst recht keine kleinen Kinder daran gelangen können.**
- Verendete Tiere müssen entfernt werden um Sekundärinfektionen anderer Tiere zu vermeiden.
- Nicht verbrauchte Rodentizide wieder einsammeln und bei den örtlichen Sondermüllsammelstellen abgeben.
- Falls das Gift keine Wirkung zeigt, Präparat mit einem anderen Wirkstoff auslegen.

Schaben (Kakerlaken)

Hausschabe

Orientalische Schabe

Amerikanische Schabe

Schädlinge
Die drei wichtigsten Schabenarten in Mitteleuropa sind:
1. Die Deutsche Schabe, Hausschabe, Blattella germanica. Sie ist etwa 1,5 cm lang, hellbraun mit 2 schwarze Längsstreifen am Halsschild, hat lange Flügel, ist aber flugunfähig. Pro Eipaket schlüpfen ca. 40 Larven.
2. Die Orientalische Schabe, Küchenschabe, Blatta orientalis. Sie ist etwa 2,5 cm lang, dunkelbraun bis schwarz, mit Flügelstummeln, aber flugunfähig. Das Eipaket enthält ca. 16 Eier, aus denen die Larven nach 40 bis 50 Tagen schlüpfen.
3. Die Amerikanische Schabe, Periplaneta americana. Sie ist bis 4 cm groß, rotbraun mit rostgelben Streifen auf dem Halsschild. Sie hat lange Flügel und kann etwas segeln. Pro Eipaket schlüpfen nach 30 bis 40 Tagen 16 Larven.

Sie werden mit Waren, Verpackungsmaterial und Reisegepäck eingeschleppt. Alle Schaben fühlen sich wohl bei Temperaturen um 30 °C in Großküchen, Restaurants, Bäckereien, Heizungsschächten und in der Kanalisation. Schaben fressen alles, auch Leder und Papier, am liebsten mögen sie aber feuchte, weiche – auch leicht verdorbene – Lebensmittel. Sie sind nur im Dunkeln aktiv und werden daher oft erst spät entdeckt. Wenn man eine Schabe sieht, die durch die Küche huscht, kann man davon ausgehen, dass im Verborgenen noch zahlreiche Artgenossen hausen.

Schäden entstehen durch Verunreinigung von Lebensmitteln und durch Übertragung von Krankheiten. Schaben sind sehr widerstandsfähig. An ihnen wird die Wirksamkeit von Insektiziden getestet.

Maßnahmen
- Spalten, Fugen, Ritzen, Rohrdurchbrüche versiegeln.
- Keinen Abfall herumliegen lassen.
- Regelmäßige Reinigung der Räume, auch hinter den Schränken.
- Wenn eine Wohnung von Schaben befallen ist, sollte am besten das ganze Haus von einem professionellen Schädlingsbekämpfer entwest werden.
- Schabenfallen (insektizidfreie Klebefalle mit Lockstoff) zeigen an, ob tatsächlich Schaben da sind. Zur Bekämpfung sind sie nicht sehr geeignet.
- Insektizidfreie Ölsprays **(Paraffinöl)** müssen direkt auf das Ungeziefer oder dessen Eier gesprüht werden.
- Insektizide in Köderdosen, als Spray, Fraßköder-Gel oder Puder: **Chlorpyriphos, Dichlorphos, Imidacloprid, Fipronil, d-Phenothrin, Propoxur.**

Silberfischchen

Schädlinge

Die Silberfischchen gehören zu den Urinsekten. Sie leben da, wo es dunkel und feucht ist, vorzugsweise in Ritzen und Fugen von Küchen und Badezimmern. Sie haben eine Lebensdauer von etwa 2 Jahren und ernähren sich von Kohlenhydraten wie Zucker, Brotkrümel aber auch Tapetenkleister. Schäden können sie anrichten durch Schabefraß an Tapeten und alten Büchern.

Maßnahmen
- Fugen versiegeln, Räume trocken halten und dafür sorgen, dass die Silberfischchen möglichst wenig Nahrung finden.
- Insektizidfreie Leimfallen (Nexa Lotte Silberfischchen-Köder).
- Insektizide in Köderdosen: Chlorpyriphos, Fipronil.
- Wirksam sind außerdem alle Ungeziefersprays (Propoxur).

Stechmücken

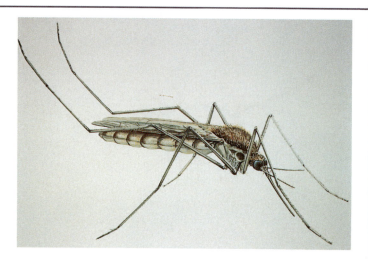

Schädlinge

Jeder kennt sie, keiner mag sie! Tagsüber halten sie sich im schattigen, feuchten Gebüsch auf, in der Dämmerung und nachts ärgern sie Menschen und Tiere indem sie stechen und penetrant sirren. Ihre Brutstätten sind stehende Gewässer jeder Art.

Maßnahmen
- Fliegengitter, Moskitonetze anbringen.
- Repellentien: Ätherische Öle (Citrus, Eukalyptus, Nelke, Zedernholz), „Duftkerzen" (Mücken-Stop (Detia), Nexa Lotte Mückenkerze), oder Repellentien zum Einreiben.
- Insektizide in Sprays (Pyrethrum) oder in Verdampfern (d-Allethrin).
- Bekämpfen der Mückenlarven mit Bacillus thuringiensis.

Wanzen

Bettwanze

Schädlinge
Die Wanzen leben tagsüber unter losen Tapeten, in Ritzen, hinter Bildern, unter Matratzen usw. Nachts werden sie durch Körperwärme zu ihren Wirten (Menschen und Tiere) gelockt, wo sie Blut saugen. Ihre Stiche verursachen stark juckende Quaddeln.

Maßnahmen
- Allgemeine Hygienemaßnahmen.
- Insektizide: Dichlorvos, Propoxur.
- Bei starkem Befall professionelle Schädlingsbekämpfung.

Wespen

Schädlinge

Wespen sind nützliche Tiere: sie vertilgen Abfälle, Kadaver und andere Insekten, denn sie füttern ihre Larven mit eiweißhaltiger Nahrung. Die erwachsenen Wespen dagegen bevorzugen Süßes und können dadurch den Menschen sehr lästig werden. Die Stiche der Wespen sind schmerzhaft und für Allergiker gefährlich.

Maßnahmen
- Lebensmittel nicht offen stehen lassen.
- Eventuell bestimmte Körperpflegemittel wechseln und Parfüm vermeiden, weil manche Düfte die Wespen besonders anlocken und auch aggressiv machen.

- Wespenfallen: Enghalsige Flaschen mit etwas Essigwasser, Wein oder Obstsaft locken die Wespen an. Einige Firmen bieten auch fertige Wespenfallen an (Nexa Lotte Wespenfalle, Permanent Wespenfalle).
- Ritzen in Rollladenkästen abdichten, damit die Wespen dort keine Nester anlegen können.
- Insektizide: Propoxur, Pyrethrum.

Zecken

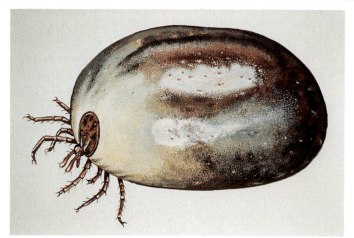

Holzbock

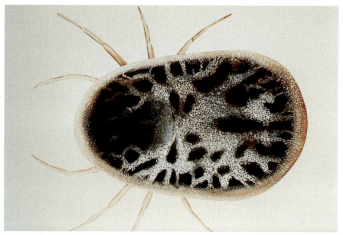

Taubenzecke

Schädlinge

Die Waldzecke (Holzbock) befällt Katzen, Hunde und Menschen. Sie ist Überträger von FSME und Borreliose.

Die Taubenzecken (Lederzecken) parasitieren Tauben und junges Geflügel. Sie verursachen Entzündungen und schlecht heilende Wunden. Bei starkem Befall können die Tiere eingehen. Wenn Tauben ihre Nistplätze verlassen haben, können die Zecken nach mehreren Jahren – sie können so lange ohne Nahrung überleben – in Wohnungen einwandern und auch Menschen befallen.

Maßnahmen

Holzbock:
- Lange Hosen tragen.
- Repellentien benutzen.
- Zecken mit einer Pinzette oder Zeckenzange entfernen und Einstichstellen desinfizieren.
- Flohschutzbänder (Propoxur) bieten ca. 10 Wochen Schutz für Hunde und Katzen.
- Zecken direkt mit Flohschutzspray (Propoxur) ansprühen.

Taubenzecken:
- Die Bekämpfung von Taubenzecken vor der Sanierung von Altbauten oder an Taubennistplätzen unter Dächern sollte von professionellen Schädlingsbekämpfern durchgeführt werden. Dichlorphos, Propoxur.

Wirkstoffe und Nützlinge von A bis Z

d-Allethrin (Bioallethrin)

Verwendungszweck
Insektizid gegen Ameisen und fliegende Insekten, besonders Stechmücken.

Stoffklasse
Pyrethroid

Wirkung
Kontakt- und Atemgift. Schneller „knockdown", kurze Wirkdauer. Wird meist mit Piperonylbutoxid oder anderen Pyrethrinen kombiniert.

Handelspräparate
Nexa Lotte Mückenstecker (Celaflor)
Plättchenverdampfer

Ameisenfrei (Dronania) mit Pyrethrum und Permethrin
Insektenfrei (Dronania) mit Pyrethrum und Permethrin

Apfelwickler-Granulosevirus

Verwendungszweck
Bekämpfung von Obstmaden an Äpfeln und Birnen.

Wirkung
Die Maden nehmen die Viren auf und verenden. Selektiv wirksam, nützlingsschonend, keine Wartezeiten.

Die Einstufung der Präparate nach der Gefahrstoffverordnung bezieht sich nicht auf die reine Wirksubstanz sondern auf die fertigen Präparate und setzt den richtigen Umgang mit den Produkten voraus!

Handelspräparate
Granupom N (Neudorff), Versand im Gutscheinsystem der Firma Neudorff.

Der Virus muss exakt zu dem Zeitpunkt gespritzt werden, wenn die Maden aus den Eiern geschlüpft sind und bevor sie sich in die Frucht hineingefressen haben, das ist ein Zeitraum von nur ca. 3 Tagen und der genaue Zeitpunkt hängt von den Temperaturen ab. Der Hersteller empfiehlt deshalb mit Hilfe von Pheromonfallen den richtigen Zeitpunkt zum Spritzen zu bestimmen oder Mitte Juni bis Anfang September wöchentlich zu spritzen.

Azamethiphos

Verwendungszweck
Insektizid zur Bekämpfung von Ameisen und Fliegen, auch Tsetse-Fliegen. Wird vielfach in Streichmitteln und Spritzpulvern für Ställe eingearbeitet.

Stoffklasse
Phosphorsäureester

Wirkung
Cholinesterase-Hemmung. Kontakt- und Fraßgift, schneller Wirkeintritt, gute Langzeitwirkung.
B1, B3

Handelspräparate
Aeroxon Fensterstreifen
Blattanex Fliegen Fenstersticker (Bayer)

Die Einstufung der Präparate nach der Gefahrstoffverordnung bezieht sich nicht auf die reine Wirksubstanz sondern auf die fertigen Präparate und setzt den richtigen Umgang mit den Produkten voraus!

Blattanex Fliegen Fensterstreifen (Bayer)
Blattanex Fliegen Köderbox (Bayer)
Permanent Fliegenköder Streifen (Neudorff)
Sticker oder Streifen an die Fensterscheiben kleben, Köderbox oder Tafeln im Raum aufstellen. Die Fliegen werden durch Köder angelockt und fressen davon bis sie verenden. Es wird kein Wirkstoff an die Raumluft abgegeben.

Bacillus thuringiensis

Verwendungszweck
Bekämpfung von Raupen an Obst, Wein, Gemüse und Zierpflanzen und in der Forstwirtschaft (Frostspanner, Kohlweißling, Pflaumenwickler), sowie von Larven der Stechmücken.

Wirkung
Nach Aufnahme des Wirkstoffs hören die Larven auf zu fressen und sterben nach 4 bis 6 Tagen ab.
Nützlingsschonend
B4
Keine Wartezeiten.

Handelspräparate
Neudorffs Raupenspritzmittel N, Bacillus thuringiensis kurstaki
Gegen die Larven der Frostspanner, Pflaumenwickler und Kohlweißlinge. Wirkt nur auf die Larven, nicht an den erwachsenen Käfern

Detia Schnaken-Frei Culinex (Garda)

Die Einstufung der Präparate nach der Gefahrstoffverordnung bezieht sich nicht auf die reine Wirksubstanz sondern auf die fertigen Präparate und setzt den richtigen Umgang mit den Produkten voraus!

Neudomück Stechmückenfrei (Neudorff), Bacillus thuringiensis israelensis
Gegen Stechmückenlarven in Regenfässern, Teichen etc.
Selektiv wirksam, daher ohne schädliche Auswirkungen auf Menschen, Haustiere, Fische, Nutzinsekten. Das Wasser kann zum Gießen verwendet werden.

Bitertanol

Verwendungszweck
Fungizid gegen Schorf- und Monilia-Krankheiten im Obstbau, sowie gegen Rostpilze, Sternrußtau und Echten Mehltau an Zier- und Zimmerpflanzen. Auch zum Beizen von Saatgut.

Stoffklasse
Triazolderivat

Wirkung
Protektiv, kurativ und eradikativ wirksames Blattfungizid mit Tiefenwirkung. Hemmung der Ergosterol-Biosynthese, verhindert das Keimen der Pilzsporen.
Giftig für Fische, Fischnährtiere und Algen.
B4

Handelspräparate
Baycor (Bayer)
Spritzpulver zur Anwendung im Obstbau.
Dosierung: Apfelschorf: 1 Beutel/5 l Wasser. Kirschen-Monilia: 3 Beutel/5 l Wasser.
Wartezeiten: Kernobst 14 Tage, Steinobst 21 Tage

Die Einstufung der Präparate nach der Gefahrstoffverordnung bezieht sich nicht auf die reine Wirksubstanz sondern auf die fertigen Präparate und setzt den richtigen Umgang mit den Produkten voraus!

Baymat Rosenspray (Bayer)
Zugelassen zur Anwendung gegen Echte Mehltaupilze bei Zierpflanzen in Räumen, bei Balkonpflanzen und bei Rosen im Freiland, sowie gegen Rost und Sternrußtau bei Rosen im Freiland.

Baymat Rosenspritzmittel (Bayer)
Konzentrat zum Verdünnen und Spritzen.
Zugelassen gegen Echte Mehltaupilze und Rostpilze bei Zierpflanzen im Freiland und in Gewächshäusern, sowie gegen Sternrußtau bei Rosen im Freiland.

Vorbeugend, spätestens bei den ersten Symptomen, im Abstand von 8 bis 10 Tagen gründlich einsprühen.

Bitrex

Bitterstoff. Wird Ködern zugesetzt, damit nicht Hunde, Katzen oder gar kleine Kinder davon naschen.

Borax

Verwendungszweck
Insektizid gegen Ameisen.

Wirkung
Fraßgift

Die Einstufung der Präparate nach der Gefahrstoffverordnung bezieht sich nicht auf die reine Wirksubstanz sondern auf die fertigen Präparate und setzt den richtigen Umgang mit den Produkten voraus!

Handelspräparate
Loxiran Ameisen-Buffet (Neudorff)
Loxiran Ameisen-Fallen (Neudorff)

Brodifacoum

Verwendungszweck
Rodentizid gegen Ratten und Mäuse.

Stoffklasse
Cumarinderivat

Wirkung
Anticoagulans
Giftig für Fische und Fischnährtiere.

Handelspräparate
Recozit Mäusefeind (Reckhaus)
Fertigköder (Körner).

Recozid Rattenterrier (Reckhaus)
Fertigköder (Haferflocken).

Bromadialon

Verwendungszweck
Rodentizid gegen Ratten und Mäuse.

Die Einstufung der Präparate nach der Gefahrstoffverordnung bezieht sich nicht auf die reine Wirksubstanz sondern auf die fertigen Präparate und setzt den richtigen Umgang mit den Produkten voraus!

Stoffklasse
Cumarinderivat

Wirkung
Anticoagulans, führt nach mehrfacher Aufnahme zum Tod.
Giftig für Fische, Fischnährtiere und Algen.
Giftig für Vögel.

Handelspräparate
Detia Ratten- und Mäuse-Fertigköder (Garda)
Für Ratten mehrere Köderplätze mit je 250 g Köder, für Mäuse kleine Portionen von ca. 15 g in Abständen von höchstens 2 m auslegen.

Butocarboxim

Verwendungszweck
Insektizid gegen Blattläuse bei Zierpflanzen. Nebenwirkung gegen Spinnmilben.

Stoffklasse
Carbamat

Wirkung
Systemisch wirkendes Insektizid; Kontakt- und Fraßgift. Aufnahme in die Pflanze durch Blätter und Wurzeln.
B1

Handelspräparate
Pflanzen Paral gegen Blattläuse (Celaflor)
Pflanzenschutz-Zäpfchen, ca. 8 Wochen wirksam.

Die Einstufung der Präparate nach der Gefahrstoffverordnung bezieht sich nicht auf die reine Wirksubstanz sondern auf die fertigen Präparate und setzt den richtigen Umgang mit den Produkten voraus!

Carbamide (Harnstoff)

Verwendungszweck
Düngerzusatz in Mitteln gegen Moos im Rasen.

Wirkung
Stickstoffdünger. Fördert das Wachstum der Gräser, so dass das Moos durch die Gräser verdrängt wird.

Handelspräparate
Cuteryl D Moosvernichter (Bayer)
Celaflor Moosvertilger Gesamoos flüssig

Chlorpyriphos

Verwendungszweck
Insektizid
Im Pflanzenschutz gegen Maden der Gemüsefliegen und gegen Ameisen.
Im Bereich der Haushaltshygiene gegen Fliegen, Kleidermotten, Silberfischchen, Schaben, Grasmilben, Parasiten bei Haustieren und anderes hartnäckiges Ungeziefer.

Stoffklasse
Organischer Phosphorsäureester

Wirkung
Insektizid mit Berührungs-, Fraß- und Atemwirkung. Absorption durch Blätter und Wurzeln.
B1, als Pulver B3
Gewässerschutz-Auflage beachten.

Die Einstufung der Präparate nach der Gefahrstoffverordnung bezieht sich nicht auf die reine Wirksubstanz sondern auf die fertigen Präparate und setzt den richtigen Umgang mit den Produkten voraus!

Handelspräparate Pflanzenschutz
Celaflor Insekten-Streumittel Nexion Neu
Streumittel gegen die Maden von Gemüsefliegen bei Kohl, Möhren und Zwiebeln. Vor der Aussaat bzw. dem Pflanzen in den Boden einarbeiten.

Celaflor Ameisenmittel Hortex
Garten-Loxiran (Neudorff)
Pulver wird auf die Laufwege der Ameisen gestreut oder in Wasser aufgelöst und auf die Ameisennester gegossen.

Handelspräparate Schädlingsbekämpfung
Detia Ameisen-Puder (Garda)
Loxiran-S-Ameisenmittel (Neudorff)
Recozit Ameisenbär Streu- und Gießmittel (Reckhaus)
Pulver wird auf die Laufwege der Ameisen gestreut oder in Wasser aufgelöst und auf die Ameisennester gegossen.

Detia Ungeziefer-Puder (Garda)
Lagerstätten z.B. in Hundehütten, Ställen, Legenestern u.Ä. gründlich einstäuben oder gegen kriechendes Ungeziefer einen 2 bis 3 cm breiten Abwehrstreifen an Türschwellen auslegen. Nach Möglichkeit sollen die Puderbeläge 14 Tage oder länger liegen bleiben. Daueraufenthaltsorte von Katzen, Hühnern und Ziervögeln nicht behandeln!

Aeroxon Silberfischchenköder-Dose
Blattanex Ungezieferköderdose (Bayer)
Detia Silberfischchen-Köderdose (Garda)
Detia Ungeziefer-Köderdose (Garda)
Permanent Ungeziefer Köderbox (Neudorff)
Recozid Silberfischchen-Köderdose (Reckhaus)

Die Einstufung der Präparate nach der Gefahrstoffverordnung bezieht sich nicht auf die reine Wirksubstanz sondern auf die fertigen Präparate und setzt den richtigen Umgang mit den Produkten voraus!

Recozit Ungeziefer-Köderdose (Reckhaus)
Köderdosen geben keine Wirkstoffdämpfe ab, können daher auch im Lebensmittelbereich eingesetzt werden. Etwa 6 Monate lang wirksam.

Detia Ungeziefer-Spray (Garda)
Celaflor Ungeziefer-Spray, mit Tetramethrin und Piperonylbutoxid
Nexa Lotte Ungeziefer-Spray (Celaflor), mit Tetramethrin und Piperonylbutoxid
Gegen kriechende Insekten aus 10 cm Entfernung in die vermuteten Schlupfwinkel sprühen, gegen fliegende Insekten 10 Sekunden pro 50 m^3 sprühen, 30 Minuten wirken lassen, gegen Kleidermotten Textilien aus 60 cm Entfernung von allen Seiten einsprühen oder die Schränke kurz ausnebeln.

Aeroxon Mottenpapier
Detia Motten-Papier (Garda)
Nexa Lotte Mottenschutz (Celaflor)
Recozit Mottenpapier (Reckhaus)
Die Papierstreifen wirken eine Saison lang.

Cholecalciferol (Calciferol)

Verwendungszweck
Rodentizid gegen Mäuse und Ratten.

Wirkung
Letale Hypervitaminose: Hyperkalzämie.

Die Einstufung der Präparate nach der Gefahrstoffverordnung bezieht sich nicht auf die reine Wirksubstanz sondern auf die fertigen Präparate und setzt den richtigen Umgang mit den Produkten voraus!

Erhöht die Wirkung von Warfarin und anderen Koagulantien in Rodentiziden. Wiederholte Aufnahme subletaler Mengen ist erforderlich.

Handelspräparate

Racumin Plus Fertigköder (Bayer) mit Coumatetralyl
Haferflockenköder.

Recozit Mäusefeind Köderdose (Reckhaus)
Detia Mäuse-Köderdose (Garda)
Fraßköder auf Basis von Getreidekörnern.

Racumin Plus Schaum (Bayer), mit Coumatetralyl
Geeignet zur Bekämpfung von Nagern in Räumen mit Versorgungsleitungen, über abgehängten Decken, an Gerüsten, Dachstühlen etc.. Mit dem Schaum werden Barrieren gesprüht, die die Tiere überwinden müssen. Dabei bekommen die Tiere Kontakt mit dem Wirkstoff an Fell und Pfoten, den sie bei der Körperpflege aufnehmen.

Coumatetralyl

Verwendungszweck
Rodentizid gegen Ratten.

Stoffklasse
Cumarinderivat

Wirkung
Antikoagulanz, Blockierung der Prothrombinbildung. Der Tod tritt nach 3 bis 5 Tagen ein.

Die Einstufung der Präparate nach der Gefahrstoffverordnung bezieht sich nicht auf die reine Wirksubstanz sondern auf die fertigen Präparate und setzt den richtigen Umgang mit den Produkten voraus!

Handelspräparate

Racumin Pulver F (Bayer)
Zum Herstellen von Ködern oder zum Ausstreuen, so dass die Ratten darüberlaufen oder mit dem Fell Kontakt zu dem Pulver bekommen. Wenn sie sich putzen, nehmen sie das Pulver auf.

Racumin Plus Fertigköder (Bayer), plus Cholecalciferol
Haferflockenköder

Racumin Plus Schaum (Bayer), plus Cholecalciferol
Geeignet zur Bekämpfung von Nagern in Räumen mit Versorgungsleitungen, über abgehängten Decken, an Gerüsten, Dachstühlen etc.. Mit dem Schaum werden Barrieren gesprüht, die die Tiere überwinden müssen. Dabei bekommen die Tiere Kontakt mit dem Wirkstoff an Fell und Pfoten, den sie bei der Körperpflege aufnehmen.

Racumin Paste (Bayer)
Pastenartige, für Ratten sehr attraktive Köderportionen, schimmelbeständig. Etwa alle 10 m eine Köderstation mit 1 bis 3 Portionsködern à 100 g aufstellen. Darf im Freiland nur durch professionelle Schädlingsbekämpfer eingesetzt werden.

Cyfluthrin

Verwendungszweck

Insektizid gegen Vorrats- und Materialschädlinge: Fliegen, Flöhe, Kleidermotten, Käfer in Lebensmitteln und Textilien. Im Pflanzenschutz gegen Apfelwickler.

Die Einstufung der Präparate nach der Gefahrstoffverordnung bezieht sich nicht auf die reine Wirksubstanz sondern auf die fertigen Präparate und setzt den richtigen Umgang mit den Produkten voraus!

Stoffklasse
Pyrethroid

Wirkung
Kontakt- und Fraßgift. Wirkt auf das Nervensystem der Insekten. Rascher Wirkungseintritt.
Giftig für Fische, Fischnährtiere und Algen.
B1, B3

Handelspräparate Pflanzenschutz
Appeal Lockstoff-Falle (Bayer) gegen Apfelwickler (enthält den Sexuallockstoff Codlemone).

Handelspräparate Schädlingsbekämpfung
Blattanex Fliegenspray (Bayer), mit Tetramethrin und Piperonylbutoxid
Gegen fliegende Insekten, und wenn Blattanex Spezial Spray auf alkalischem Untergrund unangenehm riecht. In geschlossenen Räumen 10 Sekunden pro 50 m³ sprühen, 30 Minuten einwirken lassen, danach gründlich lüften.

Blattanex Spezial Spray (Bayer), mit Propoxur und Transfluthrin
Gegen hartnäckiges Ungeziefer. Ungeziefer in die Schlupfwinkel sprühen oder um schwer zugängliche Verstecke eine Sperrzone sprühen.

Wenn Vorratsschädlinge bekämpft werden, befallenen Lebensmittel vernichten und anschließend die Umgebung behandeln! Bei Parasiten an Tieren nicht das Tier behandeln, sondern die Umgebung!

Die Einstufung der Präparate nach der Gefahrstoffverordnung bezieht sich nicht auf die reine Wirksubstanz sondern auf die fertigen Präparate und setzt den richtigen Umgang mit den Produkten voraus!

2,4-D (2,4-Dichlorphenoxyessigsäure)

Verwendungszweck
Herbizid zur Bekämpfung von dikotylen Unkräutern im Rasen wie: Hahnenfuß, Klee, Löwenzahn, Wegerich u.a.

Stoffklasse
Aryloxyalkansäure

Wirkung
Selektives Herbizid gegen zweikeimblättrige Unkräuter mit Wuchsstoff-Eigenschaften.
Abtrift vermeiden, besonders empfindlich sind Reben, Raps und Rüben.

Handelspräparate
Rasen-Unkraut-Ex (Celaflor)
Streupulver (mit Dicamba).
Bei regenarmer Witterung in der Hauptwachstumszeit auf den taufeuchten Rasen streuen.

Die Einstufung der Präparate nach der Gefahrstoffverordnung bezieht sich nicht auf die reine Wirksubstanz sondern auf die fertigen Präparate und setzt den richtigen Umgang mit den Produkten voraus!

Dicamba

Verwendungszweck
Herbizid gegen Hahnenfuß, Klee, Löwenzahn, Wegerich und andere Rasenunkräuter. Meist in Kombination mit MCPA.

Stoffklasse
Benzoesäurederivat

Wirkung
Selektives Herbizid gegen zweikeimblättrige Unkräuter. Aufnahme durch Blätter und Wurzeln.
Nicht fischgiftig.
Abtrift vermeiden.
Gewässerschutz-Auflage beachten.

Handelspräparate
Hedomat Rasenunkrautfrei (Bayer), mit MCPA
Rasen-Unkrautvernichter Banvel M (Celaflor), mit MCPA
Gieß- und Spritzmittel.

Rasen-Unkraut-Ex (Celaflor), mit 2,4-D
Streupulver.
Bei regenarmer Witterung in der Hauptwachstumszeit auf den taufeuchten Rasen streuen.

Die Einstufung der Präparate nach der Gefahrstoffverordnung bezieht sich nicht auf die reine Wirksubstanz sondern auf die fertigen Präparate und setzt den richtigen Umgang mit den Produkten voraus!

Dichlorvos

Verwendungszweck
Insektizid und **Akarizid** zur Bekämpfung von Moskitos, Stechmücken und Fliegen, gegen Wanzen, Schaben, Grasmilben, gegen Käfer in Lebensmitteln und gegen anderes hartnäckige Ungeziefer.

Stoffklasse
Phosphorsäureester

Wirkung
Atemgift, wirkt aber auch als Kontakt- und Fraßgift.

Handelspräparate
Blattanex Fliegenstrip (Bayer)
Detia Insektenstrip (Garda)
Für Räume von 20 bis 40 m², wirkt mehrere Monate lang.
Für Räume, in denen sich kleine Kinder, Kranke oder ältere Menschen aufhalten, nicht geeignet.

Difenacoum

Verwendungszweck
Rodentizid gegen Ratten und Mäuse, die gegen andere Antikoagulantien resistent sind. Auch als Rodentizid im Vorratsschutz zugelassen.

Stoffklasse
Cumarinderivat

Die Einstufung der Präparate nach der Gefahrstoffverordnung bezieht sich nicht auf die reine Wirksubstanz sondern auf die fertigen Präparate und setzt den richtigen Umgang mit den Produkten voraus!

Wirkung
Anticoagulans.
Wiederholte Aufnahme subletaler Dosen ist erforderlich. Die Wirkung tritt erst nach einigen Tagen ein.

Handelspräparate
Detia Ratten- und Mäuse-Pellets (Garda), mit Sulfachinoxalin und Bitrex (Bitterstoff).
Knuspriges Granulat, das in den ungeöffneten Wurfbeuteln ausgelegt werden kann. Die Tiere knappern die Beutel alleine auf.

Detia Mäuse-Fraßköder (Garda)
Recozid Mäusefeind Köderbox (Reckhaus)
Fraßköder auf Körnerbasis. In kleinen Portionen an Laufwegen und Schlupfwinkeln auslegen.

Detia Ratten- und Mäuse-Fetthappen (Garda), mit Sulfachinoxalin
Recozit Ratten-Block wasserfest (Reckhaus), mit Sulfamide
Geeignet für Plätze, an welchen trockene Ködermittel nicht geeignet sind.

Racumin V Mäusekorn (Bayer)
Zugelassenes Mittel zur Bekämpfung der Hausmaus bei Vorratsgütern in Räumen.

Difethialon

Verwendungszweck
Rodentizid gegen Ratten und Mäuse.

Die Einstufung der Präparate nach der Gefahrstoffverordnung bezieht sich nicht auf die reine Wirksubstanz sondern auf die fertigen Präparate und setzt den richtigen Umgang mit den Produkten voraus!

Stoffklasse
Benzothiopyranonderivat

Wirkung
Anticoagulans, Hemmung der Epoxid-Reduktase im Vitamin-K-Stoffwechsel. Der Tod tritt nach 3 bis 5 Tagen ein.

Handelspräparate
Rodilon Pellets (Bayer)
Rodilon Paste (Bayer)
Anwendungsfertige Köderriegel.

Brumolin Ultra F Köderblock (Celaflor)
Knabberriegel für Ratten und Mäuse.

Brumolin Ultra F (Celaflor), mit Sulfachinoxalin
Auslegefertiger Köder. Packung kann als Köderbox verwendet werden.

Dimethoat

Verwendungszweck
Insektizid und **Akarizid** gegen saugende Insekten (Blattläuse, Miniermotten, Rosentriebbohrer, Schildläuse, Sitkafichtenlaus, Thrips, Weiße Fliege u. a.) und Spinnmilben an Zierpflanzen in Haus und Garten.

Stoffklasse
Phosporsäureester

Die Einstufung der Präparate nach der Gefahrstoffverordnung bezieht sich nicht auf die reine Wirksubstanz sondern auf die fertigen Präparate und setzt den richtigen Umgang mit den Produkten voraus!

Dimethoat

Wirkung
Systemisches Insektizid und Akarizid mit Kontaktwirkung. Als Spray B1, in den anderen Formulierungen B3.
Gewässerschutz-Auflage beachten (entfällt bei rein systemisch wirkenden Anwendungsformen).

Handelspräparate
Celaflor Blattlausfrei-Pflaster
Celaflor Rosenpflaster Hortex
Bei Befallsbeginn jeweils ein Pflaster eng an den Stängel der Haupttriebe kleben. Normalerweise genügt eine Anwendung pro Saison.

Celaflor Combi-Stäbchen Hortex D
Pflanzen Paral Pflanzenschutz-Zäpfchen S (Celaflor), **Detia Pflanzenschutz-Stäbchen** (Garda)
Recozit Combistäbchen (Reckhaus)
Je nach Topfgröße ½ bis 3 Stäbchen in die Erde stecken. Wirkt ca. 8 Wochen lang.

Detia Pflanzenschutz-Spray (Garda)
Recocit Pflanzenspray (Reckhaus)

Insekten-Spritzmittel Roxion (Celaflor)
Konzentrat zum Verdünnen und Sprühen. Gegen Schildläuse 15 ml/10 l Wasser, sonst 10 ml/10 l Wasser.

Die Einstufung der Präparate nach der Gefahrstoffverordnung bezieht sich nicht auf die reine Wirksubstanz sondern auf die fertigen Präparate und setzt den richtigen Umgang mit den Produkten voraus!

Eisen-III-phosphat

Verwendungszweck
Molluskizid gegen Schnecken in Zierpflanzen, Salat, Kohl und Erdbeeren.

Wirkung
Die Schnecken werden von dem Präparat angelockt, fressen es und verkriechen sich bevor sie sterben. Kein Ausschleimen. Eisenphosphat stört den Wasserhaushalt der Schnecken. Haustiere, Igel, Regenwürmer und andere Nützlinge werden geschont.

Handelspräparate
Ferramol (Neudorff)
Breitwürfig auf dem gesamten Beet ausstreuen (5 g/m²), nicht in kleinen Häufchen oder als Ring um die Pflanze. Bei Bedarf nachstreuen. Die Lockwirkung von Ferramol wird verstärkt, wenn die Körner bei großer Trockenheit einmal begossen werden.
Keine Wartezeiten.

Eisen-II-sulfat und Eisen-III-sulfat

Verwendungszweck
Herbizid zum Vernichten von Moos im Rasen.

Wirkung
Das Moos wird braun und stirbt ab.

Die Einstufung der Präparate nach der Gefahrstoffverordnung bezieht sich nicht auf die reine Wirksubstanz sondern auf die fertigen Präparate und setzt den richtigen Umgang mit den Produkten voraus!

Giftig für Fischnährtiere.
B4
Keine Gewässerschutz-Auflage

Handelspräparate
Celaflor Rasen-Moos-Ex
Bei trockenem Wetter direkt aus der Dose auf den Rasen streuen. Eine Dose mit 700 g reicht für 20 m².

Cuteryl D Moosvernichter (Bayer), mit Carbamiden
Celaflor Moosvertilger Gesamoos flüssig, mit Carbamiden
Das verdünnte Konzentrat mit der Gießkanne auf den zu behandelnden Stellen verteilen.

Nicht im Aussaatjahr anwenden.

Fenhexamid

Verwendungszweck
Fungizid gegen Grauschimmelfäule an Erdbeeren, Beerenobst, Steinobst und Wein und Zierpflanzen und gegen Monilia bei Kirschen und Pflaumen.

Stoffklasse
Hydroxyanilid

Wirkung
Fungizid mit vorbeugender und heilender Wirkung.
B4
Keine Wasserschutzgebiets-Auflagen.
Giftig für Fische, Fischnährtiere und Algen.

Die Einstufung der Präparate nach der Gefahrstoffverordnung bezieht sich nicht auf die reine Wirksubstanz sondern auf die fertigen Präparate und setzt den richtigen Umgang mit den Produkten voraus!

Handelspräparate
Teldor (Bayer)
Wasserdispergierbares Granulat zum Herstellen einer Spritzbrühe. Schon während der Blüte mit der Behandlung beginnen, Anwendung regelmäßig wiederholen.
Wartezeiten: Erdbeeren und Steinobst 3 Tage, Beerenobst, Kirschen und Pflaumen 7 Tage, Wein 21 Tage.

Fipronil

Verwendungszweck
Insektizid gegen Käfer, Ameisen, Silberfischchen, Schaben, Termiten und Heuschrecken.

Stoffklasse
Carbonitril

Wirkung
Kontakt- und Fraßgift für Insekten, die gegen Carbamate und Pyrethroide resistent sind.
B1

Handelspräparate
Celaflor Ameisenköder
Nexa Lotte Ameisenköder

Celaflor Ungezieferköder
Nexa Lotte Ungezieferköder (Celaflor)
Köderdosen.

Die Einstufung der Präparate nach der Gefahrstoffverordnung bezieht sich nicht auf die reine Wirksubstanz sondern auf die fertigen Präparate und setzt den richtigen Umgang mit den Produkten voraus!

Celaflor Ameisenmittel
Nexa Lotte Ameisenmittel (Celaflor)
Zum Streuen und Gießen (1%ige Lösung).

Celaflor Ameisenspray

Flocoumafen

Verwendungszweck
Rodentizid gegen Ratten und Mäuse.

Stoffklasse
Cumarinderivat

Wirkung
Anticoagulans. Einmalige Aufnahme des Köders reicht meist aus um den Exitus herbeizuführen.

Handelspräparate
Sugan Rattenköder Storm (Neudorff)
Pro Köderstelle 10 bis 12 Happen (ca 50 g) auslegen.

Sugan Mäuseköder Storm (Neudorff)
Alle 2 m ca. 7 g Köder auslegen (Dosierlöffel ist bei der Packung).

Die Einstufung der Präparate nach der Gefahrstoffverordnung bezieht sich nicht auf die reine Wirksubstanz sondern auf die fertigen Präparate und setzt den richtigen Umgang mit den Produkten voraus!

Florfliegenlarven

Verwendungszweck
Biologische Bekämpfung von Blattläusen und Thripsen im Gewächshaus.

Wirkung
Die Larven der Florfliegen vertilgen die Schädlinge. Wenn das Nahrungsangebot versiegt ist, sterben sie ab.

Handelspräparate
Florfliegenlarven
Vertrieb im Gutscheinsystem der Fa. Neudorff.
Die Larven der Florfliegen aus den Pappzellen auf die befallenen Pflanzen streuen.

Fosetyl

Verwendungszweck
Fungizid gegen Falschen Mehltau an Gurken, Salat und Zierpflanzen, gegen Wurzelfäule und Welkepilze an Zierpflanzen und Erdbeeren.

Stoffklasse
anorg. Ethylphosphonat (Aluminium-Verbindung)

Wirkung
Systemisch wirkendes Fungizid mit protektiver und kurativer Wirkung. Die Aufnahme erfolgt überwiegend durch die Blät-

ter, in geringem Maße über die Wurzeln. Fosetyl hemmt die Sporenkeimung und das Wachstum des Mycels.
Nützlingsschonend.
B4

Handelspräparate
Spezial Pilzfrei Aliette (Celaflor)
Wasserdispergierbares Granulat zum Herstellen einer Gieß- oder Spritzbrühe.
Wartezeiten: Gurken 4 Tage, Kopfsalat 14 Tage.

Gallmücken, Räuberische

Verwendungszweck
Biologische Bekämpfung von Blattläusen.

Wirkung
Die Räuberischen Gallmücken legen Eier, aus welchen die Larven schlüpfen. Die Larven saugen die Blattläuse aus.

Handelspräparate
Räuberische Gallmücken
Vertrieb im Gutscheinsystem der Firma Neudorff. Der Packungsinhalt, ein Granulat mit Gallmücken-Puppen, wird auf die Erde unter den befallenen Pflanzen ausgebracht. Aus den Puppen schlüpfen erwachsene Gallmücken.

Die Einstufung der Präparate nach der Gefahrstoffverordnung bezieht sich nicht auf die reine Wirksubstanz sondern auf die fertigen Präparate und setzt den richtigen Umgang mit den Produkten voraus!

Glufosinat-ammonium

Verwendungszweck
Herbizid gegen hartnäckige Wurzelunkräuter, besonders wirksam gegen Schachtelhalm und Giersch.

Stoffklasse
Phosphinicoaminosäure

Wirkung
Der Ammonium-Stoffwechsel und die Photosynthese der Pflanze wird gestört. Wird über die Blätter aufgenommen und im Wurzelsystem verteilt.
B4
Keine Gewässerschutzauflage.

Handelspräparate
Unkrautfrei Weedex (Celaflor)
Konzentrat zum Verdünnen und Spritzen. Bei älteren Pflanzen ist eine 2. Behandlung erforderlich.

Glyphosat

Verwendungszweck
Totalherbizid gegen monokotyle und dikotyle Unkräuter, besonders Ackerwinde, Große Brennnessel, Distel und Quecke.

Stoffklasse
Aminophosphonsäure

Die Einstufung der Präparate nach der Gefahrstoffverordnung bezieht sich nicht auf die reine Wirksubstanz sondern auf die fertigen Präparate und setzt den richtigen Umgang mit den Produkten voraus!

Wirkung
Systemisches, nicht-selektives Blattherbizid, das über die grünen Pflanzenteile aufgenommen wird. Wirkt über die Hemmung der Phenylalanin-Bildung.
B4
Giftig für Fische und Algen.
Gewässerschutz-Auflagen beachten.
Bei Anwendung Abtrift auf Nachbarkulturen vermeiden.
Volle Wirkung tritt nach etwa 10 bis 14 Tagen ein.
Regenfälle innerhalb von 6 Stunden nach der Anwendung beeinträchtigen die Wirksamkeit.
Nur 1 mal pro Saison anwenden!

Handelspräparate
Keeper Unkrautfrei (Bayer)
Roundup LB Plus (Celaflor)
Unkraut-Stopp (Neudorff)
Recozit Universal Total-Unkrautfrei (Reckhaus)
Detia Total-Neu-Unkrautmittel (Garda)
Konzentrat zum Herstellen einer Spritzbrühe oder einer Streichlösung, mit welcher die einzelnen Unkräuter bepinselt oder betupft werden.

Roundup Alphee Unkrautpistole (Celaflor)
Anwendungsfertige Lösung in der Sprühflasche. Unkräuter kurz ansprühen.

Die Einstufung der Präparate nach der Gefahrstoffverordnung bezieht sich nicht auf die reine Wirksubstanz sondern auf die fertigen Präparate und setzt den richtigen Umgang mit den Produkten voraus!

Imidacloprid

Verwendungszweck
Insektizid gegen saugende und beißende Insekten wie Blattläuse, Blattwanzen, Woll- und Schildläuse, Rosenzikaden, Weiße Fliege, Thrips, Raupen und Käferlarven an Zierpflanzen. Präparate mit Zusatz von Methiocarb auch gegen Spinnmilben. In Fraßköder-Gel zur Bekämpfung von versteckt lebendem Ungeziefer (z. B. Schaben).

Stoffklasse
Chlornicotinylderivat

Wirkung
Die chemische Signalübertragung der nicotinergen Acetylcholinrezeptoren im Nervensystem der Insekten werden gestört. Die systemische Wirkung von Imidacloprid beruht auf der guten Aufnahme des Wirkstoffs durch die Wurzeln der Pflanzen, außerdem wirkt es als Kontaktgift.
B1 (Spray), bzw. B3 (andere Darreichungsformen)
Giftig für Fische, Fischnährtiere und Algen.
Nicht nützlingsschonend!

Handelspräparate Pflanzenschutz
Lizetan Combigranulat (Bayer), mit Dünger
Lizetan Combistäbchen (Bayer), mit Dünger
Das Granulat und die Stäbchen sind für die Anwendung bei Topf- und Kübelpflanzen geeignet. Das Granulat wird in die Pflanzerde eingearbeitet (2 g/l Topferde). Die Stäbchen werden in den Wurzelballen gedrückt. Wirkdauer ca. 8 Wochen.

Die Einstufung der Präparate nach der Gefahrstoffverordnung bezieht sich nicht auf die reine Wirksubstanz sondern auf die fertigen Präparate und setzt den richtigen Umgang mit den Produkten voraus!

Lizetan plus Zierpflanzenspray (Bayer), plus Methiocarb
Provado Gartenspray (Bayer), plus Methiocarb

Handelspräparate Schädlingsbekämpfung
Blattanex Ungeziefer Fraßköder (Bayer).
Fraßköder-Gel in Fertigspritze. Wird vor die Schlupfwinkel und an die Laufwege von Kakerlaken getupft.

Kaliseife (Kaliumsalze natürlicher Fettsäuren)

Verwendungszweck
Insektizid und **Akarizid** gegen Läuse (Blattlaus, Schildlaus, Sitkafichtenlaus), Spinnmilben, Weiße Fliegen, Thripse u. a. an Gemüse, Obst und Zierpflanzen

Wirkung
Kontaktgift. Die Kutikula der Insekten wird angegriffen. Festsitzende Schädlinge wie z. B. Schildläuse lassen sich leichter abwaschen.
Nützlingsschonend.
Keine Wirkstoffabgabe an die Raumluft.
Nicht mit kalkhaltigem Wasser verdünnen.
Keine Wartezeiten.

Handelspräparate
Neudosan Neu Blattlausfrei (Neudorff)
Konzentrat zum Verdünnen und Sprühen.
Neudosan AF Neu Blattlausfrei (Neudorff)
Anwendungsfertiges Sprühmittel.

Die Einstufung der Präparate nach der Gefahrstoffverordnung bezieht sich nicht auf die reine Wirksubstanz sondern auf die fertigen Präparate und setzt den richtigen Umgang mit den Produkten voraus!

Pflanzen tropfnass einsprühen, auch die Blattunterseiten, jeder Schädling muss getroffen werden!

Kupferoxychlorid

Verwendungszweck
Fungizid gegen Blattfleckenkrankheit, Falschen Mehltau, Kraut- und Knollenfäule sowie Kraut- und Braunfäule.

Stoffklasse
Anorganisches Kupfersalz

Wirkung
Kontaktfungizid mit präventiver Wirkung. Kupferionen stören die Protein- und Enzymsynthese bei Pilzen. Auch wirksam gegen einige Bakterienarten.
Kupfer reichert sich im Boden an.
Fischgiftig.
B4

Handelspräparate
Kupferkalk-Atempo (Neudorff)
Celaflor Obst- und Gemüsespritzmittel
Pulver zum Herstellen einer Spritzbrühe
Zugelassen zur Behandlung von Falschen Mehltaupilzen bei Zierpflanzen im Freiland (bei Infektionsgefahr spritzen), gegen Blattfleckenkrankheit bei Knollensellerie und Tomaten im Freiland (bei Befall alle 10 bis 14 Tage spritzen), gegen Dürrfleckenkrankheit bei Tomaten und Kartoffeln im Freiland (bei Befall alle 10 bis 14 Tage spritzen), gegen Kraut- und Braun-

---

Die Einstufung der Präparate nach der Gefahrstoffverordnung bezieht sich nicht auf die reine Wirksubstanz sondern auf die fertigen Präparate und setzt den richtigen Umgang mit den Produkten voraus!

fäule bei Tomaten im Freiland und gegen Kraut- und Knollenfäule bei Kartoffeln (bei Infektionsgefahr bzw. ab Warndiensthinweis alle 14 bis 21 Tage spritzen).
Wartezeiten: Tomaten 7 Tage, Knollensellerie und Kartoffeln 14 Tage.

Lecithin

Verwendungszweck
Fungizid gegen Echten Mehltau an Zierpflanzen, Gurken, Äpfeln, Stachelbeeren und Zimmerpflanzen. Wird auch als **Akarizid** gegen Spinnmilben eingesetzt.

Wirkung
Lecithin verhindert, dass die Pilzsporen in die Blätter der Pflanzen eindringen können. Es muss also vorbeugend angewendet werden. Nach Befall der Pflanzen mit Mehltau können weitere Infektionen eingedämmt werden.

Handelspräparate
Bio Blatt Mehltaumittel (Neudorff)
Konzentrat zum Verdünnen und Spritzen. Zugelassen für Zierpflanzen in Räumen, Freiland und Gewächshaus, Gurken im Freiland und im Gewächshaus, Äpfel und Stachelbeeren im Freiland.

Bio Blatt Mehltauspray (Neudorff)
Zugelassen für Zierpflanzen im Freiland und im Gewächshaus.

Die Einstufung der Präparate nach der Gefahrstoffverordnung bezieht sich nicht auf die reine Wirksubstanz sondern auf die fertigen Präparate und setzt den richtigen Umgang mit den Produkten voraus!

Bio Myctan Spinnmilbenfrei (Neudorff), enthält auch Pyrethrum
Gegen Mehltau, Blattläuse und Spinnmilben. Zugelassen zur Anwendung an Zierpflanzen in Räumen, im Gewächshaus und auf dem Balkon, sowie zur Anwendung an Rosen im Gewächshaus.

Spätestens bei Befall Pflanzen in Abständen von 7 Tagen gründlich von allen Seiten einsprühen. Maximal 12 Anwendungen.
Keine Wartezeiten.

Marienkäfer, Australische

Verwendungszweck
Biologische Bekämpfung von Wollläusen im Gewächshaus, Wintergarten und Wohnräumen.

Wirkung
Die Käfer vertilgen die Läuse.

Handelspräparate
Australische Marienkäfer
Vertrieb im Gutscheinsystem der Firme Neudorff. Die Sendung enthält 8 erwachsene Käfer. Käfer einfach auf die Pflanzen schütten.

Die Einstufung der Präparate nach der Gefahrstoffverordnung bezieht sich nicht auf die reine Wirksubstanz sondern auf die fertigen Präparate und setzt den richtigen Umgang mit den Produkten voraus!

MCPA

Verwendungszweck
Selektives **Herbizid** für dikotyle Unkräuter (Hahnenfuß, Klee, Löwenzahn, Wegerich u.a.) in Rasen oder Getreide.

Stoffklasse
Aryloxyalkansäure

Wirkung
Der Wirkstoff wird über die Wurzeln aufgenommen und bewirkt, dass die Pflanze sich „totwächst". Die Wirkung wird durch feuchtwarme Witterung beschleunigt.
Meist in Kombination mit anderen Herbiziden.
B4
Wasserschutzgebiets-Auflagen beachten.

Handelspräparate
Hedomat Rasenunkrautfrei (Bayer), mit Dicamba.
Rasen-Unkrautvernichter Banvel M (Celaflor), mit Dicamba.
Gieß- und Spritzmittel (Konzentrat).

Metaldehyd

Verwendungszweck
Molluskizid gegen Schnecken an Obst, Gemüse und Zierpflanzen.

Stoffklasse
Cyclisches Acetaldehydtetramer

Die Einstufung der Präparate nach der Gefahrstoffverordnung bezieht sich nicht auf die reine Wirksubstanz sondern auf die fertigen Präparate und setzt den richtigen Umgang mit den Produkten voraus!

Wirkung
Die Schnecken werden bewegungsunfähig und schleimen aus. Regenfestes Ködermittel, schont Igel, Regenwürmer und Nützlinge.
B3

Handelspräparate
Detia Schneckenkorn (Garda)
Limex, Limex ultra (Celaflor)
Granulat zum Ausstreuen. Zugelassen zur Anwendung bei Salat, Erdbeeren, Wirsing, Rot- und Weißkohl, sowie bei Zierpflanzen. Breitwürfig ausstreuen (ca. 20 Körner pro m²)
Keine Wartezeiten.

Methiocarb

Verwendungszweck
Molluskizid gegen Schnecken, **Akarizid** gegen Spinnmilben und **Insektizid** gegen Schmetterlingsraupen, Käfer und saugende Insekten an Zierpflanzen

Stoffklasse
Carbamat

Wirkung
Cholinesterase-Hemmer. Als Molluskizid Fraßgift, als Insektizid Kontakt- und Fraßgift.
B1, bzw. B3

Handelspräparate
Mesurol Schneckenkorn (Bayer)

Die Einstufung der Präparate nach der Gefahrstoffverordnung bezieht sich nicht auf die reine Wirksubstanz sondern auf die fertigen Präparate und setzt den richtigen Umgang mit den Produkten voraus!

Gleichmäßige zwischen den Pflanzen ausstreuen. Maximal 2 Anwendungen. Zugelassen zur Anwendung an Erdbeeren, Salat, Spinat, div. Kohlsorten und bei Zierpflanzen. Wartezeit: 14 Tage.

Lizetan Plus Zierpflanzenspray (Bayer), mit Imidacloprid
Bei Befall gründlich einsprühen.

Methomyl

Verwendungszweck
Insektizid gegen saugende und beißende Insekten bei Nutz- und Zierpflanzen. Kontrolliert Fliegen im Tier- und Haushaltsbereich.

Stoffklasse
Carbamat

Wirkung
Systemisches Insektizid mit Kontakt- und Fraßwirkung. Akarizide Nebenwirkung. Cholinesterase-Hemmung.

Handelspräparate
Detia Fliegen-Köderdose (Garda), mit Pheromonen als Lockstoff. Es entweichen keine Lösungsmittel- oder Wirkstoffdämpfe.

Die Einstufung der Präparate nach der Gefahrstoffverordnung bezieht sich nicht auf die reine Wirksubstanz sondern auf die fertigen Präparate und setzt den richtigen Umgang mit den Produkten voraus!

Methoprene

Verwendungszweck
Insektizid gegen Flöhe und Vorratsschädlinge in Tabakpflanzungen.

Stoffklasse
Dodekadienoat

Wirkung
Die Entwicklung der Insektenlarven wird gehemmt.

Handelspräparate
Bolfo Plus Umgebungsspray (Bayer), mit Propoxur

Metiram

Verwendungszweck
Fungizid. Vorbeugend gegen Schorf an Kernobst, Falschen Mehltau, Kraut- und Knollenfäule, gegen Rostpilze und Blattfleckenkrankheiten, sowie gegen die Taschenkrankheit bei Zwetschgen und Pflaumen.

Stoffklasse
Dithiocarbamat

Wirkung
Protektives Blattfungizid mit Kontaktwirkung. Metiram wirkt durch Eingreifen in das Brenztraubensäure-Dehydrogenase-System.

Die Einstufung der Präparate nach der Gefahrstoffverordnung bezieht sich nicht auf die reine Wirksubstanz sondern auf die fertigen Präparate und setzt den richtigen Umgang mit den Produkten voraus!

Cave: Wechselwirkung mit Alkohol (Antabus-Effekt)!
B4
Sehr gut pflanzenverträglich.
Keine Gewässerschutz-Auflage.

Handelspräparate
Gemüse-Spritzmittel Polyram WG (Celaflor)
Granulat zum Herstellen einer Spritzbrühe. Zugelassen gegen Falsche Mehltaupilze bei Wein, Kopfsalat und Zierpflanzen im Freiland. Gegen Rostpilze bei Spargel, gegen Blattfleckenkrankheit, Kraut- und Knollenfäule bei Kartoffeln.
Wartezeiten: Kartoffeln 14 Tage, Kopfsalat 21 Tage.

Neem (Niem, Azadirachtin)

Verwendungszweck
Insektizid, Akarizid und **Repellent** mit breitem Wirkungsspektrum. Eingesetzt wird es gegen: Blattläuse, Blattwanzen, Dickmaulrüssler, Frostspanner, Gespinstmotten, Grasmilben, Hausstaubmilben, Kartoffelkäfer, Lilienhähnchen, Maden und Raupen an Obst, Rhododendronzikaden, Spinnmilben, Thripse, Weiße Fliegen und andere saugende und beißende Schädlinge.

Stoffklasse
Triterpenoide und Azadirachtin. Extrakt aus dem Neem-Baum, Azadirachta indica.

Wirkung
Die Häutung der Insekten wird gestört, außerdem fressen die Schädlinge nicht mehr und es entwickeln sich keine lebensfä-

---

Die Einstufung der Präparate nach der Gefahrstoffverordnung bezieht sich nicht auf die reine Wirksubstanz sondern auf die fertigen Präparate und setzt den richtigen Umgang mit den Produkten voraus!

higen Nachkommen. Wirkt auch systemisch, so dass nicht jeder Schädling getroffen werden muss.
Nützlingsschonend
B4
Keine Gewässerschutz-Auflage

Handelspräparate
Schädlingsfrei Neem (Celaflor)
Konzentrat bzw. Dosierkapseln zum Verdünnen und Sprühen. Im Kleingartenbereich zugelassen gegen saugende Insekten, Spinnmilben, Minierfliegen und Weiße Fliege bei Zierpflanzen, gegen den Kleinen Frostspanner bei Obstkulturen und Laubgehölzen, gegen Kartoffelkäfer, Mehlige Apfelblattlaus und Gespinstmotten bei Ziergehölzen.

Spritzbrühe immer frisch zubereiten, weil die wässrige Lösung nicht lange stabil ist!

Nematoden, Parasitäre

Verwendungszweck
Bekämpfung der Larven von Dickmaulrüsslern.

Wirkung
Die Nematoden dringen in die Larven und Puppen ein und töten diese ab.

Handelspräparate
Parasitäre HM-Nematoden(Neudorff)
Bestellen im Gutscheinsystem bei Neudorff.

Die Einstufung der Präparate nach der Gefahrstoffverordnung bezieht sich nicht auf die reine Wirksubstanz sondern auf die fertigen Präparate und setzt den richtigen Umgang mit den Produkten voraus!

Packungsinhalt in Wasser auflösen und gießen solange sich die Larven noch nicht verpuppt haben (Mai bzw. August/September).

Oxydemeton-methyl

Verwendungszweck
Insektizid und **Akarizid** gegen Blattläuse, auch Sitkafichtenlaus, Thripse, Zikaden und Spinnmilben.

Stoffklasse
Organ. Phophorsäureester

Wirkung
Systemisches Insektizid mit Kontakt- und Fraßwirkung, schneller „Knockdown"-Effekt. Wegen der systemischen Wirkung werden auch schwer zugängliche Pflanzenteile geschützt. Cholinesterase-Hemmer.
Giftig für Fische und Fischnährtiere.
B1
Gewässerschutz-Auflage beachten.
Giftig für Vögel, deshalb darauf achten, dass beim Spritzen in den Blättern der Pflanzen keine „Pfützen" bleiben.

Handelspräparate
Metasystox R spezial (Bayer), Konzentrat zum Verdünnen und Spritzen (nicht verwechseln mit dem Gießmittel Metasystox, Demeton-S-methyl, das nicht mehr im Handel ist!).

Die Einstufung der Präparate nach der Gefahrstoffverordnung bezieht sich nicht auf die reine Wirksubstanz sondern auf die fertigen Präparate und setzt den richtigen Umgang mit den Produkten voraus!

Zugelassen gegen Blattläuse bei Kohl, saugende Insekten bei Zierpflanzen, Kernobst und Salat und gegen Spinnmilben bei Zierpflanzen im Freiland und im Gewächshaus.
Bei Bedarf spritzen.
Wartezeiten: Bohnen 7 Tage, Salat und Kohl 21 Tage, Obst 28 Tage.

Paraffinöl

Verwendungszweck
Akarizid gegen Spinn- und Gallmilben. Als **Insektizid** Verwendung als Austriebsspritzmittel gegen überwinternde Schädlinge (Buchsbaumflöhe, Fichtengallenläuse, Frostspanner) und Insekteneier an Obst- und Ziergehölzen, gegen Woll-, Schmier- und Schildläuse an hartlaubigen Zimmerpflanzen, sowie gegen Flöhe und Schaben und deren Eier. Ist auch in „Blattglanzspray" o. ä. enthalten.

Wirkung
Dringt in die Schlupfwinkel der Schädlinge ein und erstickt die Schädlinge und deren Eier, muss daher satt aufgesprüht werden
Nützlingsschonend
B4
Sehr gut pflanzenverträglich.
Keine Gewässerschutz-Auflage, wobei allerdings zu beachten ist, dass Öle, wenn sie zu üppig versprüht werden, umweltbelastend sind.

Die Einstufung der Präparate nach der Gefahrstoffverordnung bezieht sich nicht auf die reine Wirksubstanz sondern auf die fertigen Präparate und setzt den richtigen Umgang mit den Produkten voraus!

Handelspräparate
Celaflor Austrieb-Spritzmittel Weißöl FL
Oliocin (Bayer)
Promanal Neu Austriebsspritzmittel
Promanal Neu Schild- und Wolllausfrei (Neudorff), Konzentrate zum Verdünnen und Sprühen.

Promanal AF Schild und Wollausfrei (Neudorff)
Anwendungsfertiges Sprühmittel.

Als Austrieb-Spritzmittel im Spätwinter Äste und Stämme der Gehölze gründlich benetzen.
Gegen Woll- und Schildläuse Pflanze von allen Seiten gründlich einsprühen (nicht im Freiland).

Permethrin

Verwendungszweck
Insektizid gegen saugende und beißende Insekten bei Zier- und Nutzpflanzen. Im Hygienebereich gegen Stallfliegen, Küchenschaben, Kleidermotten, Holzschädlinge, Teppich- und Pelzkäfer. Oft gemischt mit anderen Insektiziden.

Stoffklasse
Pyrethroid

Wirkung
Kontakt- und Fraßgift, wirksam gegen Eier, Larven und Adulte.
Schnelle Wirkung, lange Wirkdauer.
B1

Die Einstufung der Präparate nach der Gefahrstoffverordnung bezieht sich nicht auf die reine Wirksubstanz sondern auf die fertigen Präparate und setzt den richtigen Umgang mit den Produkten voraus!

Fischgiftig
Gewässerschutz-Auflage beachten.

Handelspräparate
Detia Holzwurm-Stop (Garda)
Recozit Holzwurmspray
Wird mit dem Einspritzaufsatz wiederholt in die Bohrlöcher der Holzwürmer geträufelt bzw. gespritzt.

Ameisenfrei (Dronania) mit Pyrethrum und Bioallethrin
Insektenfrei (Dronania) mit Pyrethrum und Bioallethrin

Pflanzenstärkungsmittel

Verwendungszweck
Die Widerstandsfähigkeit gegen Pflanzenkrankheiten, meist Pilzerkrankungen, wird erhöht.

Stoffklasse
Pflanzenöle, Pflanzenextrakte

Wirkung
Das Eindringen der Pilzsporen in die Blätter wird durch einen dünnen Ölfilm mechanisch verhindert. Das Pflanzengewebe wird durch Kieselsäure gefestigt.

Präparate
Celaflor Pilz-Spritzmittel Saprol S
Zum Spritzen und Gießen.

Die Einstufung der Präparate nach der Gefahrstoffverordnung bezieht sich nicht auf die reine Wirksubstanz sondern auf die fertigen Präparate und setzt den richtigen Umgang mit den Produkten voraus!

Zur Erhöhung der Widerstandskraft gegen Kraut- und Braunfäule, Kraut- und Knollenfäule, Echten Mehltau, Rost, Schorf, Sternrußtau und andere Pilzerkrankungen.

Neudo-Vital Obst-Pilzschutz
Zum Spritzen (1%ige Lösung), bei Gehölzen vor dem Austrieb mit 3%iger Lösung spritzen.
Empfohlen zur Erhöhung der Widerstandsfähigkeit gegen Grauschimmelfäule, Echten Mehltau, Monilia Spitzendürre und -Fruchtfäule, Rost, Sternrußtau, Taschenkrankheit bei Zierpflanzen, Obst und Gemüse.

Neudo-Vital Rosen-Pilzschutz
Zum Spritzen (1%ige Lösung), bei Gehölzen vor dem Austrieb mit 3%iger Lösung spritzen.
Empfohlen zur Erhöhung der Widerstandsfähigkeit gegen Echten Mehltau, Rost und Sternrußtau bei Rosen und Stauden.

d-Phenothrin

Verwendungszweck
Insektizid. Vorratsschutzmittel und Haushaltsinsektizid gegen Schaben und anderes Ungeziefer einschließlich der Anwendung gegen Läuse am Menschen.

Stoffklasse
Pyrethroid

Wirkung
Kontakt- und Fraßgift. Schneller „Knockdown-Effekt".
B1

Die Einstufung der Präparate nach der Gefahrstoffverordnung bezieht sich nicht auf die reine Wirksubstanz sondern auf die fertigen Präparate und setzt den richtigen Umgang mit den Produkten voraus!

Handelspräparate
Permanent Ungezieferspray (Neudorff), enthält Pyrethrine und Piperonylbutoxid
Celaflor Insektenspray, mitTetramethrin
Die bevorzugten Schlupfwinkel des Ungeziefers gründlich einsprühen. Schnelle Sofortwirkung, lange Wirkdauer.

Pheromone

Verwendungszweck
Biotechnische Bekämpfung von Lebensmittelmotten, Kleidermotten, Apfelwickler, Pflaumenwickler und von Fliegen. Pheromonfallen werden auch zur Bekämpfung der Borkenkäfer im Forst eingesetzt.

Wirkung
Pheromone sind hormonelle Lockstoffe, oft – aber nicht immer – Sexuallockstoffe. Wenn es sich um Sexuallockstoffe handelt, werden die Männchen der Falter, Motten oder Schmetterlinge in die Falle gelockt und bleiben am Klebstoff hängen. Dadurch, dass die Weibchen nun nicht mehr befruchtet werden können, verringert sich die Population der Schädlinge. Es gibt insektizidfreie Pheromon-Fallen und auch solche mit Fraß- oder Atemgiften.

Handelspräparate
Celaflor Obstmaden-Falle
Neudomon Apfelmadenfalle (Neudorff)
Appeal Lockstoff-Falle (Bayer), mit Cyfluthrin
Selektiv gegen Apfelwickler.

Die Einstufung der Präparate nach der Gefahrstoffverordnung bezieht sich nicht auf die reine Wirksubstanz sondern auf die fertigen Präparate und setzt den richtigen Umgang mit den Produkten voraus!

Ab Mitte Mai in die Bäume hängen. Lockstoffkapsel nach 6 Wochen auswechseln.

Celaflor Pflaumenmaden-Falle
Neudomon Pflaumenmadenfalle (Neudorff)
Selektiv gegen Pflaumenwickler.
Ab Mitte Mai in die Bäume hängen. Lockstoffkapsel nach 6 Wochen auswechseln.

Aeroxon Lebensmittelmotten-Falle
Celaflor Pheromon-Falle
Blattanex Lebensmittel-Motten-Falle
Nexa Lotte Pheromonfalle für Nahrungsmittelmotten (Celaflor), große Fangfläche
Nexa Lotte Schrankfalle für Lebensmittelmotten (Celaflor)
Permanent Speisemotten Klebefalle

Permanent Kleidermotten Klebefalle

Detia Fliegen-Köderdose (Garda), mit Methomyl

Phoxim

Verwendungszweck
Insektizid gegen Ameisen, Kellerasseln, Tausendfüßler, Grasmilben und anderes kriechendes Ungeziefer auf Terrassen und Wegen.

Stoffklasse
Phosphorsäureester

Die Einstufung der Präparate nach der Gefahrstoffverordnung bezieht sich nicht auf die reine Wirksubstanz sondern auf die fertigen Präparate und setzt den richtigen Umgang mit den Produkten voraus!

Wirkung
Fraß- und Kontaktgift. Große Wirkungsbreite, kurze Wirkungsdauer.
B1

Handelspräparate
Blattanex Ameisenmittel (Bayer)
Granulat entweder direkt ausstreuen oder in Wasser auflösen und gießen. Enthält Zucker als Lockmittel für die Ameisen und den Bitterstoff Bitrex, damit das Granulat nicht von Haustieren aufgeleckt wird.
Blattanex Ameisenköderdose (Bayer)
Enthält als Lockmittel Honig. Köderdosen bis zu 8 Wochen stehen lassen. Bei starkem Befall mehrere Köderdosen aufstellen.
Blattanex Ameisenpipette (Bayer)
Flüssiges Konzentrat zum Verdünnen und Gießen.

Piperonylbutoxid

Verwendungszweck
Steigerung der insektiziden Wirkung von Pyrethrinen und Verbesserung der Stabilität von Pyrethrum in Haushalts- und Garteninsektiziden.

Stoffklasse
Glykolether

Wirkung
Synergist für Pyrethrine und einige Carbamate. Hemmt die Monooxygenase. Keine biologische Wirkung!

Die Einstufung der Präparate nach der Gefahrstoffverordnung bezieht sich nicht auf die reine Wirksubstanz sondern auf die fertigen Präparate und setzt den richtigen Umgang mit den Produkten voraus!

Handelspräparate
Wird nur in Mischungen verwendet.

Pirimicarb

Verwendungszweck
Selektives Insektizid gegen Blattläuse, auch gegen Sitkafichtenläuse, im Ackerbau, Gemüsebau und Forst.

Stoffklasse
Carbamat

Wirkung
Wirkt als Kontakt- und Atemgift, so dass auch Blattläuse, die an der Blattunterseite sitzen, bekämpft werden. Wird in wässriger Lösung durch Licht abgebaut, daher nicht in anwendungsfertigen Lösungen zu haben.
Nützlingsschonend
B4
Keine Gewässerschutz-Auflage

Handelspräparate
Blattlausfrei Pirimor G (Celaflor)
Wartezeiten: Kartoffeln 7 Tage, Getreide 14 Tage, Rüben 28 Tage.

Zur Zeit ist Pirimicarb nicht zur Anwendung in Kleingärten zugelassen, nur für den Erwerbsgartenbau und Forsten!

Die Einstufung der Präparate nach der Gefahrstoffverordnung bezieht sich nicht auf die reine Wirksubstanz sondern auf die fertigen Präparate und setzt den richtigen Umgang mit den Produkten voraus!

Propineb

Verwendungszweck
Fungizid gegen pilzliche Erkrankungen, z. B. Schrotschusskrankheit, Sprühfleckenkrankheit u. a. an Kernobst, Steinobst, Kartoffeln und Gemüse sowie gegen Kiefernschütte, Zweigsterben und Nadelbräune an Thuja.

Stoffklasse
Dithiocarbamat

Wirkung
Protektiv wirksames Blattfungizid.
Gewässerschutz-Auflage beachten.
Giftig für Fische, Fischnährtiere und Algen
B4.

Handelspräparate
Antracol WG (Bayer)
Konzentrat zum Verdünnen und Spritzen.
Wartezeiten: Kartoffeln, Tomaten 7 Tage, Kernobst, Steinobst, Sellerie 28 Tage.

Propoxur

Verwendungszweck
Insektizid gegen versteckt lebendes Hausungeziefer wie Schaben, Silberfischchen, Kellerasseln, Ameisen, Flöhe, Käfer in

---

Die Einstufung der Präparate nach der Gefahrstoffverordnung bezieht sich nicht auf die reine Wirksubstanz sondern auf die fertigen Präparate und setzt den richtigen Umgang mit den Produkten voraus!

Lebensmitteln, Grasmilben, Hühnermilben, Wanzen, Wespen, Zecken u. a.

Stoffklasse
Carbamat

Wirkung
Kontaktgift. Cholinesterase-Hemmung.
Breites Wirkspektrum.
Schnelle Wirkung, lange Wirkdauer.
B1
Gewässerschutz-Auflage beachten

Kann auf alkalischen Oberflächen (Putz, Estrich) einen unangenehmen Geruch entwickeln.

Handelspräparate
Blattanex Staub (Bayer)
Schlupfwinkel der Schädlinge einstäuben. Gegen Ameisen auf die Laufwege und Nester streuen. Zur Bekämpfung von Wespen geeignet. Für amtlich angeordnete Entwesung von der zuständigen Bundesbehörde anerkannt und empfohlen.

Blattanex Ameisenpumpspray (Bayer), mit Tetramethrin
Anwendungsfertige Sprühlösung zur Anwendung in Haushalten, Gaststätten, Nahrungsmittelbetrieben. Laufstraßen aus ca. 20 cm besprühen.

Blattanex Spezial Spray (Bayer), mit Transfluthrin und Cyfluthrin
Recozit Spezial Ungezieferspray (Reckhaus), mit Pyrethrum und Piperonylbutoxid.

Die Einstufung der Präparate nach der Gefahrstoffverordnung bezieht sich nicht auf die reine Wirksubstanz sondern auf die fertigen Präparate und setzt den richtigen Umgang mit den Produkten voraus!

Schlupfwinkel des Ungeziefers besprühen oder um schwer zugängliche Verstecke eine Sperrzone sprühen. Einwirkzeit 1 Stunde, anschließend mindestens 4 Stunden lang lüften.

Bolfo Flohschutzbänder, -puder, -spray, shampoo (Bayer)
Bolfo Plus Umgebungsspray (Bayer), plus Methopren

Pyrethrum (Pyrethrine)

Verwendungszweck
Insektizid mit sehr breitem Wirkungsspektrum gegen saugende und beißende Insekten an Pflanzen, Vorratsschädlingen und Ungeziefer im Haus: Ameisen, Blattläuse, Blattrollwespen, Blattwanzen, Blattwespen, Buchsbaumflöhe, Fliegen, Gespinstmotten, Kartoffelkäfer, Kleidermotten, Kohlweißling, Lebensmittelmotten, Rhododendronzikade, Sitkafichtenlaus, Stechmücken, Thripse, Wespen und viele andere.

Stoffklasse
Naturstoff
Durch Einwirkung von Licht und Luft Oxidation und Inaktivierung, daher meist in Kombination mit stabilisierenden Synergisten (Piperonylbutoxid u. a.).

Wirkung
Kontaktgift, schnelle Wirkung, kurze Wirkdauer.
Als Emulsionskonzentrat B1, in Sprühdosen und als Pulver B4
Fischgiftig
Gewässerschutz-Auflage beachten (bei Pulvern zum Stäuben keine Gewässerschutz-Auflage).
Gute Verträglichkeit für Pflanzen.

Die Einstufung der Präparate nach der Gefahrstoffverordnung bezieht sich nicht auf die reine Wirksubstanz sondern auf die fertigen Präparate und setzt den richtigen Umgang mit den Produkten voraus!

Handelspräparate, Pflanzenschutz
Celaflor Insekten-Stäubemittel Hortex Neu
Spruzid Staub (Neudorff)
Für die Anwendung an Kartoffeln und Gemüse in Kleingärten zugelassen.

Celaflor Gartenspray Hortex
Pflanzen Paral für Topfpflanzen (Celaflor)
Pflanzen Paral Schädlingsfrei S
Spruzit Gartenspray (Neudorff)
Spruzit Zimmerpflanzenspray (Neudorff)
Celaflor Pflanzenspray Hortex Neu, mit Zusatz von Öl
Bio Myctan Spinnmilbenfrei (Neudorff), mit Lecithin

Spruzid flüssig (Neudorff)
Celaflor Schädlingsfrei Parexan
Konzentrate zum Verdünnen und Sprühen.

Wartezeiten für alle zugelassenen Kulturen max. 3 Tage.

Handelspräparate, Schädlingsbekämpfung
Celaflor Ungeziefer-Puder Jacutin P

Bio-Fliegenspray (Neudorff)
Bio-Insektenfrei (Dronania)
Celaflor Insekten-Spray
Detia Fliegenspray (Garda)
Nexa-Lotte Insektenspray (Celaflor)
Permanent Fliegenspray (Neudorff)
Recozit Insektenspray (Reckhaus)
Wespenfrei (Dronania)
Diese Sprays enthalten nur Pyrethrum; der Wirkstoff wird rel. schnell abgebaut.

Die Einstufung der Präparate nach der Gefahrstoffverordnung bezieht sich nicht auf die reine Wirksubstanz sondern auf die fertigen Präparate und setzt den richtigen Umgang mit den Produkten voraus!

Celaflor Ungeziefer-Spray mit Chlorpyriphos.
Insektenfrei (Dronania) mit Bioallethrin und Permethrin
Mepha-Insektenkiller, mit Permethrin
Permanent Ungezieferspray (Neudorff), mit d-Phenothrin und Piperonylbutoxid
Recozit Fenster-Insektenspray (Reckhaus), mit Tetramethrin.
Recozit Spezial Ungezieferspray (Reckhaus), mit Propoxur.
Die bevorzugten Schlupfwinkel des Ungeziefers gründlich einsprühen. Schnelle Sofortwirkung, sehr lange Wirkdauer (bis 8 Wochen, falls es nicht weggewischt wird). In bewohnten Räumen erst nach mehreren Wochen erneut anwenden.

Milbenfrei (Dronania), mit quart. Ammoniumverbindungen
Teppiche, Polster, Matratzen etc. einsprühen, einige Stunden wirken lassen, dann absaugen.

Celaflor Mücken-Stecker
Plättchen-Verdampfer gegen Stechmücken in Räumen. Ein Plättchen wirkt 8 bis 10 Stunden.

Detia Ameisenspray (Garda)
Ameisenfrei (Dronania) mit Bioallethrin und Piperonylbutoxid

Die Einstufung der Präparate nach der Gefahrstoffverordnung bezieht sich nicht auf die reine Wirksubstanz sondern auf die fertigen Präparate und setzt den richtigen Umgang mit den Produkten voraus!

Pyriproxifen

Verwendungszweck
Insektizid zur Behandlung der Umgebung von Katzen und Hunden gegen Flöhe.

Stoffklasse
Phenylether

Wirkung
Die Entwicklung der Flohlarven wird gehemmt (evtl. vorhandene Floheier werden nicht abgetötet!).

Handelspräparate
Bolfo aktiv Pumpspray (Bayer)
Für Korb und Decke, wirkt etwa 6 Monate.

Bolfo aktiv Sprühautomat (Bayer)
Zur kompletten Behandlung der Umgebung (bis 50 m²).

Rapsöl

Verwendungszweck
Akarizid gegen Spinnmilben und als **Insektizid** gegen Blattläuse, Weiße Fliege, Woll- und Schildläuse an Zierpflanzen, Obst und Gemüse.

Wirkung
Wie Paraffinöl blockiert auch das Rapsöl die Atemwege der Insekten und erstickt sie.

Die Einstufung der Präparate nach der Gefahrstoffverordnung bezieht sich nicht auf die reine Wirksubstanz sondern auf die fertigen Präparate und setzt den richtigen Umgang mit den Produkten voraus!

B4
Keine Gewässerschutz-Auflage, wobei aber zu beachten ist, dass Öle – wenn sie zu üppig versprüht werden – die Umwelt belasten.
Keine Wartezeiten.

Handelspräparate
Celaflor Schädlingsfrei Hortex
Celaflor Schädlingsfrei Naturen AF
Pflanzen-Paral Blattlausfrei S (Celaflor)
Anwendungfertige Spritzmittel.

Raubmilben

Verwendungszweck
Zur biologischen Bekämpfung von Spinnmilben.

Wirkung
Raubmilben saugen die Spinnmilben, deren Eier und Jungtiere aus. Wenn das Nahrungsmittelangebot der Spinnmilben versiegt ist, sterben diese auch ab.

Handelspräparate
Spinnmilben
Versand im Gutscheinsystem durch die Fa. Neudorff. Blätter mit Raubmilben werden zwischen den Pflanzen ausgelegt.

Die Einstufung der Präparate nach der Gefahrstoffverordnung bezieht sich nicht auf die reine Wirksubstanz sondern auf die fertigen Präparate und setzt den richtigen Umgang mit den Produkten voraus!

Schlupfwespen

Verwendungszweck
Zur biologischen Bekämpfung der Weißen Fliege im Gewächshaus und Wintergarten.

Wirkung
Die Schlupfwespen legen ihre Eier in die Larven der Weißen Fliege. Daraus schlüpfen die Larven der Schlupfwespe, die die Larven der Weißen Fliege von innen auffressen.

Handelspräparate
Schlupfwespen
Zu beziehen im Gutscheinverfahren der Firma Neudorff. Kärtchen mit den Schlupfwespen werden einfach in die Pflanzen gehängt.

Schwefel

Verwendungszweck
Fungizid gegen Schorf an Äpfeln, Echten Mehltau an Kernobst, Stachelbeeren, Wein, Getreide, Gemüse und Zierpflanzen.

Wirkung
Protektiv wirksames Fungizid mit akarizider Nebenwirkung. Der Spritzbelag verhindert das Eindringen des Pilzes in die Pflanze. Auf der Blattoberfläche vorhandenes Pilzmyzel wird abgetötet.
Nicht fischtoxisch.

Die Einstufung der Präparate nach der Gefahrstoffverordnung bezieht sich nicht auf die reine Wirksubstanz sondern auf die fertigen Präparate und setzt den richtigen Umgang mit den Produkten voraus!

B4
Keine Gewässerschutz-Auflage.

Handelspräparate
Netz-Schwefelit WG (Neudorff)
Celaflor Netzschwefel WG
Wasserdispergierbares Granulat in Portionsbeuteln oder Dosierkapseln zum Anfertigen einer Spritzbrühe.
Zugelassen gegen Echten Mehltau an Erbsen, Gurken, Wein, Kernobst und Zierpflanzen, gegen Amerikanischen Mehltau bei Stachelbeeren und gegen Schorf bei Kernobst im Freiland. Regelmäßig spritzen.
Wartezeiten: Gurken 3 Tage, Erbsen, Kernobst und Stachelbeeren 7 Tage, Wein 56 Tage.

Sulfachinoxalin und andere Sulfonamide

Verwendungszweck
Verstärkt als Synergist die Wirkung von Antikoagulantien in Rodentiziden.

Stoffklasse
Sulfonamid

Wirkung
Hemmt die Vitamin-K-Synthese im Darm der Nagetiere.

Handelspräparate
Brumolin Ultra F (Celaflor), mit Difethialon

Die Einstufung der Präparate nach der Gefahrstoffverordnung bezieht sich nicht auf die reine Wirksubstanz sondern auf die fertigen Präparate und setzt den richtigen Umgang mit den Produkten voraus!

Detia Ratten- und Mäuse-Pellets (Garda), mit Difenacoum und Bitrex
Detia Ratten- und Mäuse-Fetthappen (Garda), mit Difenacoum.

Tetramethrin

Verwendungszweck
Insektizid gegen Ungeziefer im Haus: Ameisen, Fliegen, Läuse, Moskitos, Grasmilben und Käfer in Lebensmitteln.

Stoffklasse
Pyrethroid

Wirkung
Nicht-systemisches Insektizid mit Kontaktwirkung. Schneller Wirkungseintritt.
B1

Handelspräparate
Blattanex Ameisenpumpspray (Bayer), mit Propoxur
Blattanex Fliegenspray (Bayer), mit Cyfluthrin und Piperonylbutoxid
Celaflor Insektenspray, mit Phenothrin
In geschlossenen Räumen 10 Sekunden pro 50 m³ sprühen, 30 Minuten einwirken lassen, danach gründlich lüften.
Celaflor Ungezieferspray, mit Chlorpyriphos und Piperonylbutoxid

Die Einstufung der Präparate nach der Gefahrstoffverordnung bezieht sich nicht auf die reine Wirksubstanz sondern auf die fertigen Präparate und setzt den richtigen Umgang mit den Produkten voraus!

Tolylfluanid

Verwendungszweck
Fungizid gegen Falschen Mehltau bei Wein, Schorf und Lagerfäule bei Kernobst, Grauschimmelfäule bei Erdbeeren und Salat und Kraut- und Braunfäule bei Tomaten.

Stoffklasse
Anilinderivat

Wirkung
Protektiv wirkendes Blattfungizid.
Giftig für Fische, Fischnährtiere und Algen.
Gewässerschutz-Auflage beachten.
B4

Handelspräparate
Euparen M WG (Bayer), Granulat zum Herstellen einer Spritzbrühe.
Wartezeiten: Tomaten 3 Tage, Erdbeeren 12 Tage, Salat 21 Tage.

Zur Zeit nur für den Erwerbsgartenbau zugelassen!

Transfluthrin

Verwendungszweck
Insektizid gegen Haushalts- und Hygieneschädlinge, wie Fliegen, Stechmücken, Kleidermotten, Pelz- und Teppichkäfer und deren Larven.

Die Einstufung der Präparate nach der Gefahrstoffverordnung bezieht sich nicht auf die reine Wirksubstanz sondern auf die fertigen Präparate und setzt den richtigen Umgang mit den Produkten voraus!

Stoffklasse
Pyrethroid

Wirkung
Schnell wirkendes Kontakt- und Atemgift.

Handelspräparate
Blattanex Mottenkissen (Bayer)
Blattanex Mottenpapier (Bayer)
Blattanex Elektro Verdampfer (Bayer)
Blattanex Spezial Spray (Bayer), mit Propoxur und Cyfluthrin

Trichlorfon

Verwendungszweck
Insektizid gegen Ameisen und Fliegen in Haushalt und Ställen.

Stoffklasse
Phosphorsäureester

Wirkung
Kontakt- und Fraßgift. Cholinesterase-Hemmung.

Handelspräparate
Aeroxon Ameisenköder-Dose
Ameisenbär Köderdose (Reckhaus)
Detia Ameisen-Köderdose (Garda)

Detia Ameisen-Präparat (Garda)
Recozit Ameisenbär Fresslack (Reckhaus)

Die Einstufung der Präparate nach der Gefahrstoffverordnung bezieht sich nicht auf die reine Wirksubstanz sondern auf die fertigen Präparate und setzt den richtigen Umgang mit den Produkten voraus!

Fresslack, wird auf eine geeignete Unterlage geträufelt und in unbewohnten Räumen offen an den Laufwegen der Ameisen ausgelegt. In Wohnräumen oder auf Terrassen ist es ratsam, sich aus der Faltschachtel eine anwendungssichere Köderbox herzustellen.

Warfarin

Verwendungszweck
Rodentizid gegen Ratten.

Stoffklasse
Cumarinderivat

Wirkung
Anticoagulans. Wirkt nach oraler Aufnahme und als Atemgift. Für die tödliche Dosis sind mehrere Warfarin-Mahlzeiten notwendig, die Wirkung tritt nach 2 bis 3 Tagen ein.

Handelspräparate
Detia Ratten-Frischköder (Garda), Köder auf Basis von Haferflocken.

Detia Rattenpuder (Garda)
Recozid Rattenpuder (Reckhaus)
Ausstreuen, so dass die Ratten darüberlaufen oder mit dem Fell Kontakt zu dem Pulver bekommen. Wenn sie sich dann putzen, nehmen sie das Pulver auf.

Die Einstufung der Präparate nach der Gefahrstoffverordnung bezieht sich nicht auf die reine Wirksubstanz sondern auf die fertigen Präparate und setzt den richtigen Umgang mit den Produkten voraus!

Zinkphosphid

Verwendungszweck
Rodentizid gegen Feldmäuse und gegen Wühlmäuse.

Wirkung
Durch die Einwirkung von Magensäure wird Phosphorwasserstoff freigesetzt. Einmalige Dosis genügt.
Keine Wartezeiten.
Keine Gewässerschutzauflage.

Handelspräparate
Celaflor Mäuse-Giftweizen
Detia Mäuse-Giftkörner (Garda)
Giftweizen N (Neudorff)
Recozid Giftweizen (Reckhaus)
5 Körner pro Mauseloch tief in die Gänge legen.

Wühlmausköder Arrex (Celaflor), gefriergetrocknete Möhren.
In den Wühlmausgängen alle 8 bis 10 m 5 g Köder auslegen.

Detia Wühlmausköder (Garda), Johannisbrot-Fraßköder.
Etwa 3 g Köder in jeden Wühlmausgang auslegen.

Die Köder müssen verdeckt, für andere Tiere unerreichbar, ausgebracht werden. Keine Anwendung in Forsten!

Die Einstufung der Präparate nach der Gefahrstoffverordnung bezieht sich nicht auf die reine Wirksubstanz sondern auf die fertigen Präparate und setzt den richtigen Umgang mit den Produkten voraus!

Glossar

A

abiotische Schadsymptome
Schadsymptome, verursacht durch unbelebte Umwelt wie Klima, Witterung, Boden, Transportmittel usw.

Abtrift
unerwünschtes Verwehen von Behandlungsflüssigkeit bei der Anwendung.

ADI-Wert
(engl.: acceptable daily intake = hinnehmbare tägliche Aufnahme) tägliche Höchstdosis eines Pflanzenschutzmittel-Rückstandes (mg/kg Körpergewicht), die bei lebenslanger Aufnahme ohne Einfluß bleibt.

Adulte
Das letzte Stadium in der Entwicklung von Insekten.

Akarizid
Mittel gegen Spinnmilben.

Akkumulierung
Anhäufung, Anreicherung z.B. eines Herbizides im Boden, wenn mehrere Anwendungen so rasch aufeinander folgen, daß es in der Zwischenzeit nicht vollständig abgebaut werden kann.

akute Wirkung
(Vergiftung) Wirkung (Giftigkeit) eines Mittels nach einmaliger Aufnahme.

Anfälligkeit
Unfähigkeit der Pflanze, der Wirkung eines Erregers oder eines Schadverursachers zu widerstehen; steht im umgekehrten Verhältnis zur Resistenz.

Antagonismus
Gegenwirkung (z.B. zweier Substanzen oder Organismen).

Antibiotika
vor allem von Bakterien und Pilzen gebildete Stoffe, die Mikroorganismen abtöten oder ihr Wachstum hemmen.

Antidot
Gegenmittel bei Vergiftungen

Antikoagulantien
Stoffe, die die Blutgerinnung hemmen.

Applikation
Anwendung eines Pflanzenschutzmittels.

Arthropoden
Gliederfüßler, artenreicher Stamm der Gliedertiere (unter

den Schädlingen vor allem Insekten und Milben).

Atemgift
Mittel, das über die Atmungsorgane in den Körper gelangt und von dort aus seine Wirkung entfaltet.

Attractant
Lockstoff, Substanz, die geeignet ist, Schädlinge anzulocken. Zur Herstellung von Ködermitteln verwendet.

Aufwandmenge
die zur Bekämpfung von Schädlingen oder Pflanzenkrankheiten notwendige Menge eines Mittels (z. B. pro Raumeinheit im Gewächshaus, Fläche, Bodenmenge).

B

Bakterizid
Mittel, das Bakterien tötet.

BBA
Biologische Bundesanstalt für Land- und Forstwirtschaft, (Bundesbehörde für den Pflanzenschutz im Geschäftsbereich des Bundesministers für Verbraucherschutz, Ernährung und Landwirtschaft), Sitz in Braunschweig und Berlin.

Beißende Insekten
Insekten, die in ihrem Jugendstadium als Larven, Maden, Raupen oder Engerlinge ganze Pflanzenteile abfressen. Bei den erwachsenen Tieren fressen nur die Käfer an den Pflanzen, Schmetterlinge und Fliegen nicht.

beizen
Aufbringen von Pflanzenschutzmitteln, vor allem von Fungiziden in fester oder flüssiger Form, auf Saatgut.

BgVV
Bundesinstitut für gesundheitlichen Verbraucherschutz und Veterinärmedizin; früher Bundesgesundheitsamt.

Bienenschutzverordnung
im Rahmen des Pflanzenschutzgesetzes erlassene Verordnung für die Anwendung, Handhabung und Aufbewahrung bienengefährlicher Pflanzenschutzmittel, die nicht an blühenden Pflanzen angewendet werden dürfen.

Biologische Schädlingsbekämpfung
Bekämpfung von Schädlingen durch Einsatz ihrer natürlichen Gegenspieler (Nützlinge, Krankheitserreger) oder Aussetzen unfruchtbar gemachter Männchen.

Biosphäre
der von Lebewesen besiedelte Raum der Erdkugel, der die oberste Schicht der Erdkruste (einschließlich des Wassers) und die unterste Schicht der Atmosphäre umfasst.

Biotop
Lebensraum oder Standort von Tieren und Pflanzen (z. B. Trockenhang, Seeufer, Feuchtwiese). Beherbergt eine bestimmte Lebensgemeinschaft oder Biozönose.

Biozid
Lebenstöter: Lebenstötende Substanz im weitesten Sinn.

Biozönose
die Gesamtheit der Pflanzen und Tiere, die in vielfältigen Wechselbeziehungen untereinander in einem einheitlichen Lebensraum leben.

Blattherbizid
Unkrautbekämpfungsmittel, das bei Aufnahme durch die Blätter wirkt.

Bodenapplikation
Anwendung eines Mittels in oder auf dem Boden.

Bodenentseuchung
Bekämpfung von Schädlingen im Boden durch Wasserdampf, Schwefelkohlenstoff u. a. Chemikalien.

bodenbürtig
im Boden vorhanden, aus dem Boden kommend.

Bodenherbizid
Unkrautbekämpfungsmittel, das bei Aufnahme durch die Wurzel wirkt.

Brandkrankheiten
eine Gruppe von Pilzkrankheiten auf verschiedenen Kulturpflanzen (z. B. Beulenbrand auf Mais), bei denen als gemeinsames Merkmal ein schwärzliches Sporenpulver auftritt.

C

chemischer Pflanzenschutz
Schutz von Kulturpflanzen durch Bekämpfung von Schädlingen und Krankheiten mit Chemikalien synthetischer oder natürlicher Herkunft.

Chemosterilantien
Chemikalien, die zur Unfruchtbarmachung benutzt werden (z. B. bei Insekten, Milben, Nagetieren).

Chlorose
Entfärbung (Vergilbung) von normalerweise grünem Gewebe infolge Chlorophyllzerstörung

oder zu geringer Chlorophyllbildung.

chronische Wirkung (Vergiftung)
Wirkung eines Mittels bei wiederholter Aufnahme über lange Zeit.

D

Dauersporen
dickwandige Sporen, die auch unter ungünstigen Umständen längere Zeit lebensfähig bleiben.

Desinfektion
Vernichten von Mikroorganismen, vor allem Krankheitserregern.

Dikotyle
zweikeimblättrige Pflanzen (z.B. Klee, Hahnenfuß).

Disposition
Krankheitsbereitschaft

Dosierung
Bemessen einer Menge/Dosis.

E

Ektoparasit
Parasit, der sich im wesentlichen auf der Oberfläche der Pflanze entwickelt und sich von außen von seinem Wirt ernährt.

Emission
die von einer Anlage (z.B. Kraftwerk) in die Luft oder in das Wasser gelangenden festen, flüssigen oder gasförmigen Stoffe; ferner Wärme, Geräusche, Licht, Erschütterungen.

Emulsion
feinste Verteilung einer Flüssigkeit in einer anderen, in der sie nicht löslich ist.

Endoparasit
im Innern eines Organismus lebender Parasit.

Entwesung
Vernichten von Schädlingen in einem bestimmten Raum.

Epidemie
ungewöhnlich starkes Auftreten einer Infektionskrankheit innerhalb einer begrenzten Zeitspanne. Die Epidemie kann mehr oder weniger lokal begrenzt sein (z.B. Krautfäule bei der Kartoffel) oder kontinentales Ausmaß annehmen (z.B. Getreideroste).

F

Fauna
Tierwelt

Flora
Pflanzenwelt

Formulierung
im Pflanzenschutz oder in der Chemie: Zubereitung, Aufbereitung eines Wirkstoffes, z.B. in

flüssiger (Emulsion), pastöser (Paste) oder fester (Staub, Granulat, Suspension) Form.

Fraßgift
Wirkstoff, der über den Verdauungstrakt wirkt (z. B. Rattengift, bestimmte Insektizide) Gegensatz: Kontaktgift.

Fruchtkörper
einfaches bis sehr differenziertes Hyphengeflecht von Pilzen, welches Sporen enthält oder trägt.

Fruchtfolge
zeitliche Abfolge von verschiedenen Kulturen auf dem gleichen Acker.

Fungizid
Mittel, das Pilze tötet.

G

Gallen
Gewebewucherungen der Pflanzen auf den Reiz eines Fremdorganismus; kein selbständiges Wachstum, zur Bildung ist die ständige Anwesenheit des Erregers erforderlich.

Gefahrenbezeichnung
Kennzeichnung der Giftigkeit von Chemikalien durch bestimmte Worte (sehr giftig, giftig, gesundheitsschädlich, reizend, ätzend).

Gefahrensymbole
bildliche Kennzeichnung der Giftigkeit von Chemikalien (Totenkopf, Andreaskreuz, Ätzzeichen).

Granulat
ein Mittel in fester körniger Form.

H

Haftmittel
Hilfsstoff, der die Haftfähigkeit von Stäube- und Spritzbelägen verbessert.

Haustorium
pilzliches Organ innerhalb einer Wirtszelle, dient der Nährstoffversorgung des Erregers aus der lebenden Zelle.

Hemmstoff
das Wachstum hemmende Substanz; Antagonist (Antagonismus) der Wuchsstoffe, z. T. mit diesen chemisch verwandt.

Herbizid
Mittel, das Unkräuter vernichtet.

Höchstmenge
in mg/kg (ppm) angegebene, gesetzlich zugelassene Menge von Stoffen (z. B. von Pflanzenschutzmittel-Wirkstoffen, Wachstumsreglern, Schwermetallen) die in oder auf pflanzlichen und tierischen Nahrungs-

mitteln höchstens vorkommen darf. Höchstmengenverordnung.

Honigtau
Zuckerhaltige Ausscheidung von saugenden Insekten (Blattlaus, Weiße Fliege, Schildlaus etc.).

I

Immission
Einwirkung schädlicher Stoffe auf Pflanzen bzw. Umwelt.

Infektion
Proze8 der Eindringung und Festsetzung (Stabilisierung) eines Erregers in der Wirtspflanze.

Infektionszeit
Zeitspanne von Beginn des Erregerangriffs auf die Pflanze bis zum Erreichen eines stabilen parasitischen Verhältnisses.

Inkubationszeit
schließt die Infektionszeit ein und reicht darüber hinaus bis zum Auftreten der Krankheitssymptome.

innertherapeutische Wirkung
siehe systemische Wirkung.

Insektizid
Mittel, das Insekten tötet.

Integrierter Pflanzenschutz
ein Verfahren, bei dem alle wirtschaftlich, ökologisch und toxikologisch vertretbaren Methoden verwendet werden, um Schaderreger unter die wirtschaftliche Schadensschwelle zu bringen, wobei die bewusste Ausnutzung natürlicher Begrenzungsfaktoren im Vordergrund steht.

J

Juvenilhormon
Hormon, das an der Steuerung der Entwicklung von Insekten beteiligt ist. In der integrierten Schädlingsbekämpfung wird es so eingesetzt, dass es den Entwicklungszyklus stört.

K

Karenzzeit
s. Wartezeit.

Kennbuchstaben
Kennzeichnung der Giftigkeit von Chemikalien durch Buchstaben (T^+, T, Xn, Xi, C).

Ködermittel
Mittel, das neben der Aktivsubstanz eine vom zu bekämpfenden Schädling als Nahrung bevorzugte Substanz oder einen spezifischen Lockstoff enthält.

Kontaktgift
Berührungsgift, Mittel, das durch bloße Berührung in tödlicher Dosis in den Körper ein-

dringt, also nicht auf die Aufnahme durch den Magen-Darm-Trakt oder die Atemwege angewiesen ist.

Kontamination
Verunreinigung mit Fremdstoffen.

Konzentration
Anteil einer Komponente im Gemisch (z. B. Gew.%, Vol.%, g/l, mg/kg).

Krankheitszyklus
Kette aufeinanderfolgender Ereignisse im Krankheitsablauf mit den Entwicklungsstadien des Erregers und den Auswirkungen auf den Wirt.

kumulativ
anhäufend

kurative Wirkung
heilende Wirkung auf eine schon ausgebrochene Krankheit.

L

Larven
Entwicklungsstadium von Insekten und Milben.

Larvizid
Larven tötendes Mittel.

latente Infektion
Stadium, in dem eine Pflanze von einem Erreger infiziert ist, aber noch keine Symptome zeigt.

LD_{50}
(LD = Letale Dosis) Dosis eines Stoffes, bei der nach einmaliger Verabreichung 50% der Versuchstiere getötet werden. Dient als Maßstab für die akute Giftigkeit einer Substanz.

Leitunkraut
Unkrautart, die auf einem Standort vorherrscht oder besonders bekämpfungswürdig ist.

Lockstoffe/Attractants
dienen zur Anlockung von Insekten und anderen Tieren; man unterscheidet Sexuallockstoffe und Fraßlockstoffe.

M

Maden
Insektenlarven ohne Beine.

Mikroorganismen
Pilze und Bakterien (im weiteren Sinne auch Viren).

Minieren
Insekten fressen Gänge zwischen der Ober- und Unterhaut der Blätter.

Molluskizid
Mittel, das Mollusken, insbesondere Schnecken, abtötet.

Monokotyle Pflanzen
einkeimblättrige Pflanzen (z. B. Gräser, Getreide).

Monokultur
fortwährender Anbau derselben Pflanzenart auf derselben Fläche.

Mycorrhiza
Wurzelsymbiose, bei der Pilze mit den Wurzeln der Pflanzen vergesellschaftet sind; ektotrophe M.: Pilze wachsen vorwiegend außerhalb; endotrophe M.: Pilze wachsen vorwiegend innerhalb der Wurzeln.

Mycotoxin
Giftstoff, der von Pilzen gebildet wird.

Myzel
Gesamtheit der Hyphen (Pilzfäden), die den Thallus (Vegetationskörper) eines Pilzes ausmacht.

N

Nachauflaufbehandlung
Behandlung einer Kultur, die schon aufgelaufen ist (d.h. von der schon Pflanzenteile über der Bodenoberfläche erschienen sind), oder Bekämpfung von Unkraut, das schon aufgelaufen ist.

Nahrungskette
Abfolge einer Reihe von Organismen, bei der die Nächstfolgende den Vorherigen frißt (z.B. Wasserfloh- Weißfisch – Raubfisch – Seeadler). Von Bedeutung, weil sich Schadstoffe (z.B. auch persistente Pflanzenschutzmittel) bis zum letzten Glied der Nahrungskette hin anreichern können.

Naturhaushalt
das komplexe Wirkungsgefüge von Produzenten (Stoffbildner: z.B. Grünpflanzen), Konsumenten (Verbraucher: z.B. Grasfresser) und Reduzenten (Abbauer: z.B. Bakterien).

Negativprognose
Voraussage eines Zeitpunktes, bis zu dem eine Pflanzenkrankheit (z.B. die Kraut- und Knollenfäule der Kartoffel) nicht auftreten wird. Durch diese Voraussage können unter Umständen vorbeugende Pflanzenschutzmaßnahmen eingespart werden.

Nekrose
abgestorbene Zellen oder Gewebe mit brauner Verfärbung.

Nervengift
Gift, das über das Nervensystem (z.B. bei Insekten) wirkt.

Nematizid
Mittel, das Nematoden tötet.

Netzmittel
Stoff, der die Oberflächenspannung von Flüssigkeiten verrin-

gert, so dass diese sich auf Oberflächen (z.B. Blätter) besser verteilen können (Verbesserung der Benetzbarkeit).

Nichtparasitäre Schaderreger
siehe abiotische Schaderreger

no-effect-level
(engl.), Menge einer Substanz, die bei täglicher Aufnahme weder funktionelle Störungen noch strukturelle Veränderungen am Versuchstier verursacht; bei oraler Aufnahme wird diese Menge in mg/kg Körpergewicht/Tag ausgedrückt (siehe auch ADI-Wert; der ADI-Wert ist rund 1/100 des no-effect-level).

Nützlinge
freilebende Tiere, die dem Menschen in irgendeiner Weise nützlich sind (z.B. im Rahmen der biologischen Schädlingsbekämpfung).

O

Ökologie
Wissenschaft von den Beziehungen der Lebewesen untereinander und zur unbelebten Umwelt.

ökologisch
auf die Umwelt bezogen.

ökologisches Gleichgewicht
Zustand der Beziehungen der einzelnen Faktoren der belebten und unbelebten Umwelt zueinander. Es unterliegt einer Dynamik mit unbestimmtem Ausgang.

Ökosystem
vernetztes Wirkungsgefüge von Lebewesen in ihrem gemeinsamen Lebensraum.

oral
Aufnahme durch den Mund.

Ovizid
Mittel, das Eier abtötet.

P

Parasit
Organismus oder Virus, der auf oder in einem anderen lebenden Organismus lebt und von ihm Nahrung oder eine andere Leistung ohne gleichwertige Gegenleistung bezieht.

Pathogen
Krankheitserreger

perkutan
Aufnahme durch die Haut.

persistent
ausdauernd, anhaltend (z.B. in Bezug auf Dauer der Infektionsfähigkeit von Viren im Vektor oder auf die Abbaugeschwindigkeit von Pflanzenschutzmitteln).

Pestizide
engl.: pesticide = Krankheits-/Schädlingsbekämpfungsmittel, wird von Medien und Umweltverbänden als Sammelbegriff für chemische Pflanzenschutzmittel, nichtagrarische Schädlingsbekämpfungsmittel und Biozide im Allgemeinen verwendet.

Pflanzenhygiene
vorbeugende Maßnahmen zur Gesunderhaltung der Nutzpflanzen (Sortenwahl, standortgerechter Anbau, Fruchtfolge, Bodenbearbeitung, Düngung, Bewässerung usw.).

Pflanzenschutz
Schutz der Kulturpflanzen vor Pflanzenkrankheiten, Schädlingen und Standortkonkurrenten sowie Schutz pflanzlicher Vorräte vor Verderbnis (Vorratsschutz).

Pflanzenschutzdienst
die nach Landesrecht für die Durchführung des Pflanzenschutzgesetzes zuständigen Behörden oder Stellen.

Pheromone
spezifische Duftstoffe, die Einfluss auf das Sozialverhalten von Tieren haben. Z.B. werden Sexualduftstoffe von Insekten in der Schädlingsbekämpfung als Lockstoff eingesetzt.

pH-Wert
Wasserstoffionenkonzentration, angegeben durch den Wasserstoffexponenten = pH-Wert, wobei pH 7 = neutral, pH < 7 = sauer und pH > 7 alkalisch bedeutet.

physiologische Erkrankung
nichtparasitäre Krankheit (z.B. als Folge von Nährstoffmangel oder ungünstigen Witterungseinflüssen).

Phytohormon
pflanzlicher Wuchsstoff. Pflanzenhormon, das das Wachstum steuert. In der Unkrautbekämpfung wird es so eingesetzt, dass es zu Störungen des Wachstums führt.

Phytomedizin
Wissenschaft von den kranken und beschädigten Pflanzen und der Fertigkeit, sie gesund zu erhalten oder zu heilen. Ihr Aufgabenbereich geht damit weit über denjenigen der traditionellen Pflanzenpathologie hinaus.

Phytopathologie
die Lehre von den Pflanzenkrankheiten.

Phytotoxizität
Giftwirkung eines Mittels auf Pflanzen.

Population
Gesamtheit aller Organismen einer bestimmten Art in einem bestimmten Gebiet.

Populationsdynamik
Schwankungen der Populationsdichte und -verteilung einer Tierart in Abhängigkeit von Umweltfaktoren und arteigenen Steuerungsmechanismen.

ppm
(engl.: parts per million) Teile pro Million (z.B. 1 g auf 1000 kg oder 1 cm^3 auf 1 m^3).

Prädator
Nützling. Nützliches Insekt oder anderes Tier, das bestimmte Schädlinge auf Kulturen frißt oder parasitiert.

**präventive Wirkung
(prophylaktische Wirkung)**
vorbeugende Wirkung gegen den Ausbruch einer Krankheit.

Problemunkräuter
diejenigen Unkräuter einer Unkrautgemeinschaft, die durch Herbizide weniger gut bekämpft werden und sich deshalb übermäßig ausbreiten können.

Prognose
Vorhersage über die voraussichtliche Entwicklung eines Schaderregers und des zu erwartenden Schadens (Schadensprognose).

prophylaktische Wirksamkeit
präventive, vorbeugende Wirksamkeit vor dem Ausbruch einer Krankheit.

Q

Quarantäne
staatl. Kontroll- und Absperrmaßnahme, um Ein- und Verschleppung von Schadorganismen zu verhindern.

R

Räuchermittel
Mittel, das beim Verbrennen oder Verschwelen einen wirkstoffhaltigen Rauch zur Bekämpfung von Schädlingen abgibt. Verwendung meist in geschlossenen Räumen.

Raupen
Insektenlarven mit Beinen.

Repellent
Abschreckmittel. Mittel, das Schädlinge davon abschreckt, sich auf einer damit behandelten Fläche niederzulassen oder von einer damit behandelten Pflanzen zu fressen.

Resistenz
Widerstandsfähigkeit einer Pflanze oder eines Tieres gegen einen Schaderreger oder gegen eine bestimmte Substanz.

Rodentizid
Mittel, das Nagetiere, insbesondere Ratten und Mäuse, tötet.

R-Satz
Hinweis (in der Gefahrstoffverordnung) auf besondere Gefahren.

Rückstände
Reste bzw. Abbauprodukte (z. B. von Pflanzenschutzmitteln, Fremd- oder Zusatzstoffen) in und auf Nahrungs- bzw. Futtermitteln. Im Pflanzenschutz: s. Wartezeiten, s. Höchstmengenverordnung.

S

samenbürtig
in oder auf dem Samen lebend.

Saprophyt
Organismus, der von totem, organischem Substrat lebt, das er nicht selbst abgetötet hat.

Saugende Insekten
Insekten, bei denen sowohl die Larven als auch die ausgewachsenen Tiere das Pflanzengewebe anstechen und den Saft der Pflanze saugen. (Blattläuse, Weiße Fliegen, Thripse, Zikaden)

Schadensschwelle
siehe wirtschaftliche Schadensschwelle

Schädling
Schaderreger, tierischer oder pflanzlicher Organismus (inbegriffen Viren), der durch seine Lebensweise, seine Ernährung, seinen Standort oder auf andere Weise dem Menschen, seinen Kulturen, Haustieren, Vorräten, Bauwerken usw. Schaden zufügt.

Schwächparasit
Krankheitserreger, der bevorzugt schon geschwächte Wirtspflanzen befällt.

Selektivität
Auswahlvermögen. Spezifische Wirkung eines Pflanzenschutzmittels oder -verfahrens gegen nur eine Art (bzw. Gruppe) von Schadorganismen.

S-Satz
Sicherheitsratschlag (in der Gefahrstoffverordnung).

Sporen
Ein- oder mehrzellige Fortpflanzungskörper von Pilzen, meist in Massen gebildet, dienen sie der Verbreitung. Als Dauersporen (Ruhestadium) überdauern sie

ungünstige Umweltbedingungen.

Suspension
gleichmäßige, feine Verteilung eines unlöslichen, festen Stoffes in einer Flüssigkeit.

Symptom
die äußere oder innere Reaktion und Veränderung der Pflanze nach Erregerbefall oder Beschädigung.

synergistisch
sich gegenseitig beeinflussend im Sinne einer gesteigerten, unter Umständen neuartigen Wirkung.

synthetisch
künstlich (im Gegensatz zu natürlich).

systemische Wirkung
Wirkung eines Mittels nach Eindringen in das pflanzliche Gewebe und Transport über den Saftstrom in den Leitbahnen der Pflanze.

T

Toleranz
Fähigkeit eines Organismus, Krankheitsbefall ohne starke Schädigung zu ertragen.

Totalherbizid
Herbizid, das alle Pflanzen vernichtet.

Toxikologie
Lehre von den Giften und ihren Wirkungen.

Toxin
Bezeichnung für giftige Naturstoffe (z. T. mit unbekannter chemischer Struktur und spezifischer Wirksamkeit). Die meisten Toxine werden von Bakterien und Pilzen gebildet.

Toxizität
Giftigkeit einer Substanz. akute Toxizität: Giftigkeit eines Präparates bei einmaliger Aufnahme. subakute Toxizität: Giftigkeit bei mehrmaliger Aufnahme kleiner Mengen. chronische Toxizität: Giftigkeit eines Präparates, das in wiederholten Dosen verabreicht wird und bei einmaliger Gabe noch unwirksam ist.

U

UBA
Umweltbundesamt, Sitz in Berlin

ULV – Technik
(engl.: ultra low volume) Anwendungstechnik, bei der das Mittel sehr wenig oder gar nicht verdünnt (und so in sehr geringer Gesamtmenge) mit Spezial-

geräten vom Boden oder aus der Luft in äußerst feiner Verteilung ausgebracht wird.

Umweltfaktoren
die auf einen Organismus einwirkenden Einflüsse der Umwelt (ökologische Faktoren); gegliedert in abiotische (unbelebte) und biotische (belebte) Faktoren.

Umweltschutz
alle Maßnahmen zur Sicherung und Erhaltung der unbelebten und belebten Natur. Die hierzu notwendige Umweltplanung in bezug auf die erforderliche Umweltqualität orientiert sich an den Bedürfnissen des Menschen.

V

Vektor
Organismus, der Erreger überträgt.

Virose
eine durch eine Virusart hervorgerufene Krankheit. Viren sind Mikroorganismen, ohne eigenen Stoffwechsel, die sich nach der Infektion in lebenden Zeklln vermehren.

Vorratsschädling
tierischer Organismus, der an gelagerten Lebensmitteln und anderen Vorräten (wie Wolle, Felle, Holz) Verluste verursacht.

Vorratsschutz
Schutz geernteter Pflanzenerzeugnisse vor Schadorganismen. Weltweit gehen beispielsweise jährlich ca. 25 % der Getreideernte durch Vorratsschädlinge verloren.

Vorsaat- Vorauflauf- und Nachauflaufmittel
Unkrautbekämpfungsmittel, die entweder vor der Saat, vor dem Auflaufen bzw. nach dem Auflaufen der Kulturpflanzen zur Anwendung kommen.

W

Wachstumsregler
Stoff, der dazu bestimmt ist, die Lebensvorgänge von Pflanzen zu beeinflussen, ohne ihrer Ernährung zu dienen und ohne sie zum Absterben zu bringen.

Warndienst
kurzfristige Voraussage über das Auftreten von Schädlingen und Krankheiten in Verbindung mit termingerechten Empfehlungen für gezielte, wirtschaftlich sinnvolle und tragbare Pflanzenschutzmaßnahmen, die der amtliche Pflanzenschutzdienst über Presse, Rundfunk, Telefon, Internet und Telefax sowie durch schriftliche Benachrichtigungen verbreitet.

Wartezeit
Mindestzeit, die zwischen der letzten Anwendung eines Pflanzenschutzmittels bei Kulturpflanzen und deren Ernte einzuhalten ist. Die verwendeten Pflanzenschutzmittel werden in der Wartezeit auf oder unter die erlaubte Höchstmenge abgebaut.

Wasserschutzgebiets-Auflage
Anwendungsverbote oder -beschränkungen für Pflanzenschutzmittel in Wasserschutzgebieten.

Wirkstoff
die wirksame Substanz eines Pflanzenschutzmittels, das in unterschiedlichen Aufbereitungen (Formulierungen) dargeboten wird.

Wirkungsspektrum
Umfang der Wirkung bezogen auf die Anzahl der Arten und Entwicklungsstadien, die von einem bestimmten Mittel bekämpft werden.

Wirt
Pflanze, von der ein Parasit oder Symbiont seine Nahrung bezieht.

Wirtschaftliche Schadensschwelle
mögliche Kosten einer Pflanzenschutzmaßnahme und voraussichtlicher Schaden am Erntegut in Geld liegen gleich hoch. Wenn die wirtschaftliche Schadensschwelle überschritten wird, d.h. die voraussichtlichen Verluste höher werden, ist eine Bekämpfung sinnvoll. Die Voranstellung dieser Erwägung ist ein wichtiger Schritt in der Praxis des Integrierten Pflanzenschutzes.

Wundparasit
Erreger, der nur über eine Wunde eine Pflanze infizieren kann.

Z

Zusatzstoffe
im Pflanzenschutz als Haft- und Netzmittel den Pflanzenschutzmitteln zugesetzt, um ihre Eigenschaften oder ihre Wirkungsweise zu verändern. Ihre Zulassung wird im Pflanzenschutzgesetz geregelt.

Literatur

Bekanntmachungen der Biologischen Bundesanstalt für Land- und Forstwirtschaft (2001/2002).

Flora Gartenzeitschrift, Verlag Gruner + Jahr AG & Co, Hamburg (1999–2001).

Griegel, A.: Mein gesunder Gemüsegarten, Eigenverlag M. Griegel, Ingelheim (1999).

Griegel, A.: Mein gesunder Obstgarten, Eigenverlag M. Griegel, Ingelheim (1993).

Griegel, A.: Mein gesunder Ziergarten, Eigenverlag M. Griegel, Ingelheim (1995).

Henseler, K.: Der Pflanzendoktor für den Hausgarten, BLV Verlagsgesellschaft, München (1992).

Knoellinger und Berger, R.: PKA 22, Deutscher Apotheker Verlag, Stuttgart (2002).

Lernprogramm für den Nachweis der erforderlichen Kenntnisse für die Abgabe von Pflanzenschutzmitteln im Einzel- und Versandhandel, DLG-Verlag, Frankfurt (1999).

Mehlhorn, B. und H.: Schach dem Ungeziefer, Springer Verlag, Heidelberg (1996).

Mein schöner Garten, Burda Senator Verlag GmbH, Offenburg (1999–2001).

Mühle, E. und Wetzel, Th.: Praktikum der Phytomedizin, S. Hirzel Verlag, Stuttgart (1990).

Perkow, W. und Ploss, H.: Wirksubstanzen der Pflanzenschutz- und Schädlingsbekämpfungsmittel, Parey Buchverlag, Berlin (1999).

Produktlisten, Informationsschriften und persönliche Gespräche mit den Beratern der Firmen: Bayer, Detia-Garda, Dronania, Neudorff, Reckhaus, Scotts Celaflor, Spiess-Urania, Dr. Stähler und mit Herrn Dr. Gerhard Heller, Ingelheim.

Pflanzenschutzmittel-Verzeichnis (Haus- und Kleingarten) der Biologischen Bundesanstalt für Land- und Forstwirtschaft, Braunschweig (2001).

Profil, Magazin der Pflanzenschutz- und Düngemittel-Industrie, Industrieverband Agrar (2001).

Sachs, Chr. und Koop, J.: Ungebetene Hausgäste, Sachs-Verlag, Roßdorf (1996).

Schumm, H. und Schumm, F.K.: Pflanzenschutz und Pflanzenpflege, Deutscher Apotheker Verlag, Stuttgart (1990).

Voigt, Th. F.: Haus- und Hygieneschädlinge, PZ-Schriftenreihe, Govi-Verlag, Eschborn (1999).

Wirkstoffe in Pflanzenschutz- und Schädlingsbekämpfungsmitteln, physikalisch-chemische und toxikologische Daten, Industrieverband Agrar (2001).

Wurm, G.: Kleine Giftkunde, Govi-Verlag, Eschborn (1996).

Abbildungsnachweis

Folgende Firmen oder Personen haben für dieses Buch Bildmaterial zur Verfügung gestellt:

Bayer Vital GmbH
Referat Medizinische und Wissenschaftliche Information
Welserstraße 5–7
51149 Köln

Boas, Peter
Pflanzenschutzamt Berlin
Mohriner Allee 137
12347 Berlin

Kosmos Verlag
Pfizerstraße 5–7
70184 Stuttgart

Laux, Hans E.
Botanik-Bildarchiv Laux
Weingartenbergstraße 39
88400 Biberach/Riß

Vorratsschutz GmbH
Dr. Werner-Freyberg-Straße 11
69514 Laudenbach

Wichtige Anschriften

Auskünfte über Pflanzenschutz- und Schädlingsbekämpfungsmittel erteilen:

Biologische Bundesanstalt für Land- und Forstwirtschaft
Messeweg 11/12
38104 Braunschweig
Tel.: 05 31/2 99-5, Fax: 05 31/2 99-30 02

Deutscher Schädlingsbekämpferverband e.V.
Postfach 12 52
69511 Laudenbach/Bergstraße
Tel.: 0 62 01/7 42 94

Bayer Vital GmbH
Geschäftsbereich Tiergesundheit
51368 Leverkusen
Fachberatung Garten, Vorrats- u. Hygieneschädlinge
Tel.: 02 14/30-5 18 74, Fax: 02 14/30-5 18 79
Fachberatung Tierpflege Tel.: 02 14/30-5 17 65, Fax: 02 14/30-5 18 79

W. Neudorff GmbH KG
An der Mühle 3
31860 Emmerthal
Tel.: 0 51 55/6 24-0, Fax: 0 51 55/60 10
Fachberatung Tel.: 01 80/5 63 83 67

Scotts Celaflor GmbH & Co. KG
Konrad-Adenauer-Straße 30
55218 Ingelheim
Tel.: 0 61 32/78 03-0, Fax: 0 61 32/20 67
Fachberatung Tel.: 0 61 32/78 03-2 85

Anschriften der Pflanzenschutzdienste in Deutschland

Baden-Württemberg
Landesanstalt für Pflanzenschutz
Reinsburgstraße 107
70197 Stuttgart
Tel.: 07 11 / 66 42-4 00
Internet: www.infodienst-mlr.de/la/lfp

Bayern
Bayer. Landesanstalt für Bodenkultur und Pflanzenbau,
Abt. Pflanzenschutz
Vöttinger Straße 38
85354 Freising
Tel.: 0 81 61 / 71-0
Internet: www.lbp.bayern.de

Berlin
Pflanzenschutzamt Berlin
Mohriner Allee 137
12347 Berlin
Tel.: 0 30 / 70 00 06-0
Internet: www.stadtentwicklung.berlin.de/pflanzenschutz

Brandenburg
Landesamt für Verbraucherschutz und Landwirtschaft,
Abt. 3 Pflanzenschutzdienst, Ringstraße 1010
15236 Frankfurt (Oder)-Markendorf
Tel.: 03 35 / 52 17-0
Internet: brandenburg.de/land/mlur/lelf/psd/index.htm

Bremen
Senator für Arbeit, Frauen, Gesundheit, Jugend und Soziales
–Lebensmittelsicherheit, Veterinärwesen, Pflanzenschutz –
Referat 32-2, Contrescarpe 73
28195 Bremen
Tel.: 04 21 / 3 61-54 84

Wichtige Anschriften

Hamburg
Institut für Angewandte Botanik der Universität Hamburg,
Abt. Pflanzenschutz (Pflanzenschutzamt Hamburg)
Ohnhornstraße 18
22609 Hamburg
Tel.: 040/42 81 65 54

Hessen
Regierungspräsidium Gießen
Pflanzenschutzdienst Hessen
Schanzenfeldstraße 8
35578 Wetzlar
Tel.: 06441/92 89-0
Internet: www.rp-giessen.de

Mecklenburg-Vorpommern
Landespflanzenschutzamt
Mecklenburg-Vorpommern, Sitz Rostock
Graf-Lippe-Straße 1
18059 Rostock
Tel.: 0381/4 91 23-0
Internet: www.mvnet.de/inmv/landw

Niedersachsen
Landwirtschaftskammer Hannover, Pflanzenschutzamt
Wunstorfer Landstraße 9, Postfach 91 08 10
30453 Hannover 30428 Hannover
Tel.: 05 11/40 05-0
Internet: www.lwk-hannover.de

Landwirtschaftskammer Weser-Ems
Pflanzenschutzamt
Sedanstraße 4
26121 Oldenburg
Tel.: 04 41/8 01-7 21
Internet: www.lwk-we.de

Nordrhein-Westfalen
Pflanzenschutzdienst der
Landwirtschaftskammer Rheinland
Siebengebirgsstraße 200
53229 Bonn
Tel.: 02 28 / 4 34-0
Internet: www.pflanzenschutzdienst.de

Pflanzenschutzdienst der
Landwirtschaftskammer Westfalen-Lippe
Nevinghoff 40
48147 Münster
Tel.: 02 51 / 23 76-6 26
Internet: www.lk-wl.de

Rheinland-Pfalz
Landesanstalt für Pflanzenbau und Pflanzenschutz
Essenheimer Straße 144
53128 Mainz
Tel.: 0 61 31 / 99 30-0
Internet: www.agrarinfor.rip.de/pp_mainz

Saarland
Landwirtschaftskammer für das Saarland – Pflanzenschutzamt
Lessingstraße 12
66121 Saarbrücken
Tel.: 06 81 / 6 65 05-0

Sachsen
Sächsische Landesanstalt für Landwirtschaft
Stübelallee 2
01307 Dresden
Tel.: 03 51 / 44 08-30
Internet: www.landwirtschaft.sachsen.de/lfl

Sachsen-Anhalt
Landesanstalt für Landwirtschaft und Gartenbau,
Standort Magdeburg
Silberbergweg 5
39128 Magdeburg
Tel.: 03 91 / 25 69-0
Internet: www.mrlu.sachsen-anhalt.de/lpsa

Schleswig-Holstein
Ministerium für ländliche Räume, Landesplanung, Landwirtschaft
und Tourismus des Landes Schleswig-Holstein,
– Abt. Pflanzenschutz –
Westring 383
24118 Kiel
Tel.: 04 31 / 8 80-13 02

Thüringen
Thüringer Landesanstalt für Landwirtschaft Jena,
Referat 440 – Pflanzenschutz
Kühnhäuser Straße 101
99189 Erfurt-Kühnhausen
Tel.: 03 62 01 / 8 17-0
Internet: www.tll.de

Wichtige Internetadressen:

www.bba.de
Biologische Bundesanstalt für Land- und Fortswirtschaft

www.verbraucherministerium.de
Ministerium für Verbraucherschutz, Ernährung und Landwirtschaft

www.iva.de
Industrieverband Agrar

www.fnl.de
Fördergemeinschaft Nachhaltige Landwirtschaft

www.gartenfreunde.de
Internetangebot des Bundesverbandes der Kleingärtner

www.schaedling24.de
Vorratsschutz GmbH, Laudenbach

www.dainet.de/gartenbauforum
- ▶ Verweise auf über 1.650 gartenbauliche Internetangebote
- ▶ Adressen von ca. 630 Institutionen, Organisationen, Gartenbaufirmen etc.
- ▶ Suche in Literaturdatenbanken
- ▶ Veranstaltungshinweise
- ▶ Softwareangebote zum Gartenbau

Sachregister

A

Abgabe von Pflanzenschutzmitteln 13
Acker-Schachtelhalm 89
Ackerwinde 19
Ahorn 39
Akarizide 6
d-Allethrin 153
Ameisen 113
Anwenderschutz 9
Anwendung 8
Apfel 20, 21, 36, 77, 88, 96
Apfelblütenstecher 20
Apfelwickler 21, 61
Apfelwickler-Granulosevirus 153
Aprikose 91, 101
Azadirachtin 189
Azamethiphos 154

B

Bacillus thuringiensis 155
Balkonpflanzen 33, 45, 100, 106
Beerensträucher 23
Bettwanze 145
Bienenschutz 12
Bioallethrin 153
Birne 77, 87, 96
Birnengitterrost 86
Bitertanol 156
Bitrex 157
Blattfallkrankheit 23
Blattfleckenkrankheit 24
Blattlaus 25
Blattrollwespe 27
Blattwanze 29
Blattwespe 30
Bohne 87
Borax 157
Botrytis 45
Brennnessel 31
Brodifacoum 158
Bromadialon 158
Brotkäfer 122
Buchsbaum 32
Buchsbaumfloh 32
Butocarboxim 159

C

Calciferol 162
Carbamide 160
Chlorpyriphos 160
Cholecalciferol 162
Citrus 93
Cotoneaster 36
Coumatetralyl 163
Cyfluthrin 164

D

Dahlie 24, 29
Dicamba 167
2,4-D 166
Dichlorphenoxyessigsäure 166

Dichlorvos 168
Dickmaulrüssler 33
Difenacoum 168
Difethialon 169
Dimethoat 170
Distel 34
Dörrobstmotte 128
Dosierung von Pflanzenschutzmitteln 8
Douglasie 98

E
Efeuaralie 104
Eiche 39
Eisen-III-phosphat 172
Eisen-III-sulfat 172
Eisen-II-sulfat 172
Entsorgung von Pflanzenschutzmitteln 13
Erdbeeren 45, 94
Erdratte 108
Essigfliege 116

F
Feldmaus 35
Fenhexamid 173
Feuerbrand 36
Feuerdorn 36
Fichte 38, 98
Fichtengallenlaus 38
Ficus 88, 93, 104
Fipronil 174
Fleischfliege 116
Fliegen 116
–, Weiße 106
Flocoumafen 175

Flöhe 118
Florfliegenlarven 176
Fosetyl 176
Frostspanner 39
Fuchsien 106
Fungizide 5

G
Gallmilbe 41
Gallmücken, Räuberische 177
Gemüse 45, 68
Gemüsefliege, Made 63
Gespinstmotte 42
Giersch 43
Gladiole 104
Glufosinat-ammonium 178
Glyphosat 178
Grasmilbe 134
Grauschimmelfäule 45
Grünpflanzen 25
Gurke 67, 77

H
Hahnenfuß 47
Harnstoff 160
Hausbock 120
Hausmaus 130
Hausschabe 140
Hausstaubmilbe 135
Herbizide 5
Hibiskus 106
Himbeere 45
Holzbock 148
Holzschädlinge 120
Holzwurm 120

I
Imidacloprid 180
Insektizide 6

J
Johannisbeeren 23, 41, 87
Junikäfer 65

K
Käfer in Lebensmitteln 122
Kakerlaken 140
Kaktus 107
Kaliseife 181
Kaliumsalze natürlicher Fettsäuren 181
Kartoffel 48, 58
Kartoffelkäfer 48
Kastanie 69
Kastanienminiermotte 70
Kernobst 67, 72
Kiefer 49
Kiefernschütte 49
Kirsche 74, 97, 101
Kirschfruchtfliege 50
Klee 51
Kleidermotten 125
Knospenbräune 52
Kohl 53, 64
Kohlfliege 63
Kohlhernie 53
Kohlweißling 54
Kompostierung von krankem Pflanzenmaterial 14
Kornkäfer 122
Kräuselkrankheit 56
Kraut- und Braunfäule 57
Kraut- und Knollenfäule 58
Kreuzblüter 53
Kübelpflanzen 93
Kupferoxychlorid 182

L
Lagerung 13
Lärche 69
Lebensmittelmotten 128
Lecithin 183
Lilie 59
Lilienhähnchen 59
Linde 39
Lockstoffe 5
Löwenzahn 60

M
Maden im Obst 61
Mahonien 67
Maikäfer 65
Malve 87
Mandel 74
Marienkäfer, Australische 184
Maßnahmen
- biologische 4
- biotechnische 5
- chemische 5
- direkte 4
- indirekte 3
- mechanische 4
Maulwurf 66
Mäuse 130
MCPA 185
Mehlkäfer 122
Mehlmilbe 132

Mehlmotte 128
Mehltau, Echter 67
–, Falscher 68
Menschenfloh 118
Messingkäfer 125
Metaldehyd 185
Methiocarb 186
Methomyl 187
Methoprene 188
Metiram 188
Milben an Gras 134
Milben an Nahrungsmitteln 132
Milben im Hausstaub 135
Miniermotte 69
Möhre 64
Möhrenfliege, Made 63
Molluskizide 5
Monilia Fruchtfäule 72
– Spitzendürre 74
Moos 76
Mosaikkrankheit 77
Motten-Schildlaus 106

N

Nadelbäume 69
Narrenkrankheit 103
Neem 189
Nematoden 79
–, parasitäre 190
Niem 189
Nützlinge 4

O

Obst 68
Obstbäume 39

Obstmaden 61
Oleander 88, 93
Oxydemeton-methyl 191

P

Palme 93, 104
Paraffinöl 192
Parkettkäfer 120
Pelzkäfer 125
Pelzmotte 125
Permethrin 193
Peronospora bei Wein 68
Petersilie 64
Pfirsich 56, 67
Pflanzenschutz 1
–, integrierter 2
Pflanzenstärkungsmittel 3, 194
Pflaume 80, 91, 103
Pflaumenwickler 61, 80
Pharaoameise 113
d-Phenothrin 195
Pheromone 196
Pheromonfallen 5
Phoxim 197
Piperonylbutoxid 198
Pirimicarb 199
Pockenkrankheit 91
Propineb 200
Propoxur 200
Pyrethrum 202
Pyriproxifen 205

Q

Quecke 81
Quitte 77

R

Radieschen 64
Rapsöl 205
Rasenameise 113
Ratten 137
Raubmilben 206
Repellentien 5
Rettich 64
Rhododendron 24, 33, 52, 82
Rhododendronzikade 82
Rittersporn 94
Rodentizide 6
Rose 24, 27, 30, 33, 45, 67, 83 f., 87, 100, 102
Rosenrost 86
Rosentriebbohrer 83
Rosenzikade 84
Rostpilze 86
Rußtau 88

S

Sachkundenachweis 1
Salat 94
Schaben 140
Schachtelhalm 89
Schädlingsbekämpfung 1
Scharkakrankheit 91
Schermaus 108
Schildlaus 93
Schlupfwespen 207
Schmeißfliege 116
Schmierlaus 107
Schnecken 94
Schorf 96
Schrotschusskrankheit 97
Schwefel 207

Sellerie 24, 64
Silberfischchen 143
Sitkafichtenlaus 98
Speckkäfer 122
Spinnmilbe 99
Sprühfleckenkrankheit 101
Stachelbeere 67
Stechmücken 144
Steinobst 72
Sternrußtau 102
Stubenfliege 116
Sulfachinoxalin 208
Sulfonamide 208
Süßkirsche 39, 50

T

Tagetes 94
Tanne 98
Taschenkrankheit 103
Taubenzecke 148
Teppichkäfer 125
Tetramethrin 209
Textilschädlinge 125
Thrips 104
Thuja 69
Tolylfluanid 210
Tomate 24, 57, 77, 106
Transfluthrin 210
Trichlorfon 211
Trotzkopf 120

U

Umweltschutz 11

V

Verbraucherschutz 10
Vorratsschutz 1

W

Wachholderminiermotte 69
Waldameise 113
Wanderratte 137
Wanzen 145
Warfarin 212
Wegameise 113
Wegerich 105
Weihnachtsstern 106
Wein 45, 67, 100
Weißdorn 36
Weiße Fliege 106
Wespen 146
Wollkrautblütenkäfer 125
Wolllaus 107
Wühlmaus 108

Z

Zecken 148
Ziergehölze 67
Zierpflanzen 68, 77
Zimmerpflanzen 100, 104, 107
Zinkphosphid 213
Zucchini 77
Zulassungszeichen 7
Zwetschge 91, 101
Zwiebel 64